LAURENT BELANDO

Laurent Belando est directeur artistique indépendant et photographe. Il publie *Vélos Urbains. De la roue libre au fixie*, aux éditions Tana en 2015. Attiré par l'aventure et l'esthétique rageuse des *cafés racers*, il publie ensuite *Motorcycles. Du café racer au néo-vintage* avec Nicolas Brulez, chez Hachette Pratique, en 2016. Mais le vélo et le contact direct avec la nature lui ressemblent plus. C'est donc à vélo qu'il multiplie les voyages en France, en Europe et dans le monde. En 2020, il publie *Vélos Nomades* aux éditions Tana. Puis en 2021, souhaitant partager ses connaissances dans l'équipement, l'entretien et la réparation de son vélo, il publie *Vélos Pratiques* avec Louise Roussel, un livre pour apprendre à devenir autonome avec son vélo.

@laurent.belando

BIVOUAC.CC

JULIEN SOMMIER

Cycliste urbain et d'aventure, Julien Sommier est un acteur incontournable de la scène du vélo en France depuis plus de 12 ans. Après des études en marketing, communication et stratégie publicitaire, il s'épanouit dans des missions de graphiste, ou comme conseiller en communication et *community manager*. Il a aussi vécu à Londres et en Australie. Il est aujourd'hui responsable de la boutique parisienne *Steel Cyclewear & Coffeeshop* et allie ainsi ses deux passions : le vélo et le café qu'il partage chaque jour avec les visiteurs.

@julienpcr

LAURENT BELANDO – JULIEN SOMMIER

CAFÉ VÉLO

20 LIEUX EMBLÉMATIQUES DE LA CULTURE CYCLISTE À TRAVERS LE MONDE

Tana
éditions

Photo **Ashley Norris Gruber**

LACHLAN MORTON

Lachlan Morton est un cycliste professionnel australien né en 1992, membre de l'équipe EF Education-Nippo. Il a commencé sa carrière professionnelle en 2012 avec l'équipe Garmin-Sharp et a remporté sa première victoire en 2016 lors de la Japan Cup.

Lachlan Morton a participé à de nombreuses courses prestigieuses telles que le Tour de France, le Tour d'Italie et le Tour d'Espagne, mais il est aussi connu pour ses aventures à vélo en autonomie complète, dont la plus spectaculaire est son Tour de France alternatif en 2021. Sans assistance, il a roulé chaque étape et chaque transfert, couvrant une distance de 5 500 kilomètres et gravissant plus de 65 000 mètres en seulement 23 jours. Parti quelques heures après le peloton, il a couvert près du double de la distance dans le but de devancer le Maillot jaune à Paris.

En plus de ces succès sportifs, Lachlan Morton est engagé dans des causes environnementales, travaillant avec 1 % for the Planet pour encourager les entreprises à reverser une partie de leurs bénéfices à des organisations environnementales.

Également connu pour sa passion pour le café, il a développé une gamme de café instantané pour tous les aventuriers à vélo : Pretty Great Coffee.

LE CAFÉ EST INTRINSÈQUEMENT LIÉ À LA PAUSE. C'EST UN TEMPS POUR MÉDITER, POUR ÉCHANGER ET SE PRÉPARER.

Pédaler demande un effort qui requiert toute notre attention. Lorsqu'une sortie à vélo est savamment planifiée ou, au contraire, totalement improvisée, elle devient une forme d'expression personnelle. Quand nous la partageons avec d'autres, nous pouvons alors créer d'inoubliables expériences et enseigner à notre âme la joie qu'il y a à côtoyer notre prochain. Toute expression personnelle intense ou interaction profonde nécessite une pause. Celle-ci permet de prendre ce temps de réflexion nécessaire pour apprécier ce que nous vivons et la façon dont nous évoluons. La pause est également le moment d'organiser les futures sorties qui nourriront à nouveau notre passion pour le vélo et la vie elle-même.

Pour nous, cyclistes, le café incarne cet instant, cette dose d'optimisme qui sublime les grands moments ou qui adoucit les instants plus sombres. Le fidèle breuvage se fait alors passerelle entre le pays des merveilles où nous pédalons et le monde dans lequel nous vivons le reste de la journée. Ce délicieux cocktail de caféine, d'interaction sociale et de sucre a la capacité de transformer une sortie apparemment moyenne en un tour mémorable dès que les cales se clipsent dans les pédales.

La pause-café a sa place dans l'aventure la plus épique comme dans la plus courte des balades. Cet instant familier nous aide à trouver un repère sur des routes inconnues ou dans des pays lointains. C'est un moment de refuge lorsque les plans tombent à l'eau, ou une motivation en soi lorsque notre propre raisonnement commence à faiblir.

Le crissement de la machine qui change les grains de café habilement torréfiés en émotion liquide est le refrain d'une chanson que nous connaissons tous.

Que serait une sortie sans cette pause ?

Lachlan Morton

CAFÉ VÉLO

Les cyclistes ont toujours eu besoin d'un endroit bien à eux, d'un camp de base familier. Qu'il s'agisse d'un simple parking, du club de cyclisme du coin ou de leur café préféré, rejoindre un point de ralliement avant et après un *ride* fait partie des plaisirs de rouler à vélo. Aujourd'hui, ces lieux ont trouvé leur nom : les cafés vélos ! On s'y arrête pour partager des moments précieux, on y débriefe des parties techniques de tel ou tel itinéraire, on y échange des astuces pour l'entretien de sa monture, on y prépare de nouvelles aventures ou on y fait des rencontres humaines avec les habitués du quartier, les cyclistes des environs ou ceux de passage.

L'ART DU CAFÉ AU SERVICE DU VÉLO

La culture du vélo va de pair avec celle du café, breuvage énergisant essentiel aux cyclistes. L'une et l'autre exigent de la précision, de l'entraînement et un matériel particulier. Dans ce contexte, on parle alors plus précisément de « café de spécialité » ou de « café de la troisième vague ». Cette notion de café de spécialité aurait été inventée par Erna Knutsen, de Knutsen Coffee Ltd., lors d'une conférence internationale sur le café en France, en 1978. L'expression devient le fer de lance de la Specialty Coffee Association (SCA), dont le but est d'agir « pour améliorer constamment la qualité du café à chaque étape de la filière afin d'atteindre l'excellence, de la plante à la tasse ». En effet, le café, d'abord vu comme produit, puis comme plaisir, s'envisage au début des années 2000 comme un art. Ce mouvement accorde alors une plus grande importance au choix de la fève de café, depuis les conditions de sa production jusqu'aux procédés de torréfaction et d'extraction. Cet engouement pour le terroir et l'artisanat du café possède autant de points communs avec le vent nouveau soufflant sur le milieu du vélo : l'esprit de communauté, le goût des belles et bonnes choses, l'amour de la nature et du grand air, l'importance de consommer et de vivre de façon locale et durable.

DES LIEUX COMMUNAUTAIRES UNIQUES

Il est donc tout naturel que des espaces dédiés aux cyclistes proposant du café de spécialité aient ouvert. La tendance du café vélo est en pleine expansion. Ces espaces conviviaux proposent, en plus d'un bon café extrait par les meilleures machines barista, des repas sains, des infrastructures adaptées, ne serait-ce que pour garer son vélo à portée de vue, et parfois un atelier de réparation, un service de location ou une boutique pour s'équiper et, pourquoi pas, rapporter un souvenir. Ils organisent par ailleurs des événements : projections de courses, sorties à vélo, etc., souvent dans un décor rappelant la grande histoire du cyclisme.

Si la culture du vélo peut s'avérer plurielle à travers le monde, la passion et le plaisir qui brillent dans les yeux de tous les pratiquants sont les mêmes. Et lorsque nous découvrons une ville ou un pays, l'un de nos premiers réflexes de cyclistes est de rechercher les cafés dédiés au vélo dans les alentours. Parce que notre curiosité nous pousse à vouloir rencontrer « nos semblables » dans un lieu différent. Une fois sur place, l'envie d'admirer leur équipement et de connaître leurs routes favorites, leurs repaires secrets ainsi que d'appartenir à leur cercle, est irrésistible.

CAFÉS VÉLOS ET ITINÉRAIRES CHOISIS

En interrogeant les professionnels, en croisant les données de nos recherches et nos connaissances du terrain, nous avons déniché plus de 20 lieux emblématiques de la culture cycliste afin d'en capter l'essence et d'en retranscrire les atmosphères, les identités et les traditions. Tous sont reconnus par la communauté cycliste parce qu'ils la font vivre ! Vous pourrez les parcourir d'ouest en est avec, comme point de départ, Londres et *Look mum no hands!*, la source d'inspiration de notre livre. S'il existe mille possibilités pour chaque destination, tous les itinéraires nous ont été recommandés – voire créés – par des acteurs locaux. Mieux que n'importe qui, ils ont été capables de nous révéler les plus beaux ou les plus insolites, les moins fréquentés par les voitures, ceux qui croisent un ravito *bike friendly*, les murs et les raidards, les ascensions ou les bosses les plus casse-pattes, les cols mythiques… À travers ces diverses traces éprouvées et approuvées régulièrement, ils transmettent l'amour de leurs territoires.

~

Poussez les portes de ces cafés et immergez-vous dans ce livre le temps d'une pause elle aussi agréable, suggérant évasion, découverte, passion, permettant d'imaginer de nouveaux départs et arrivées, et chuchotant les mots d'ordre suivants : « Dégustez, allez, profitez ! »

Laurent et Julien

SOMMAIRE

BIVOUAC.CC

LÉGENDES

- Type de route
- Type de pratique
- Type de dénivelé
- Difficulté
- Durée moyenne d'ensoleillement par jour
- Températures moyennes

- Service boissons à base de café
- Café torréfié sur place
- Service boissons chaudes
- Service boissons fraîches
- Service pâtisseries
- Service restauration
- Service nutrition pour cycliste (barres, gels, etc.)

- Terrasse
- Adapté aux groupes
- Connexion Wi-Fi gratuite
- Vestiaire
- Douches en libre-service
- Parking à vélos
- Pompe à vélo en libre-service

- Prestations d'atelier
- Vente de vêtements pour cyclistes
- Vente de souvenirs et de *goodies*
- Vente d'accessoires pour vélo
- Vente de vélos
- Service de location de vélos
- Organisation d'événements (sorties, projections)

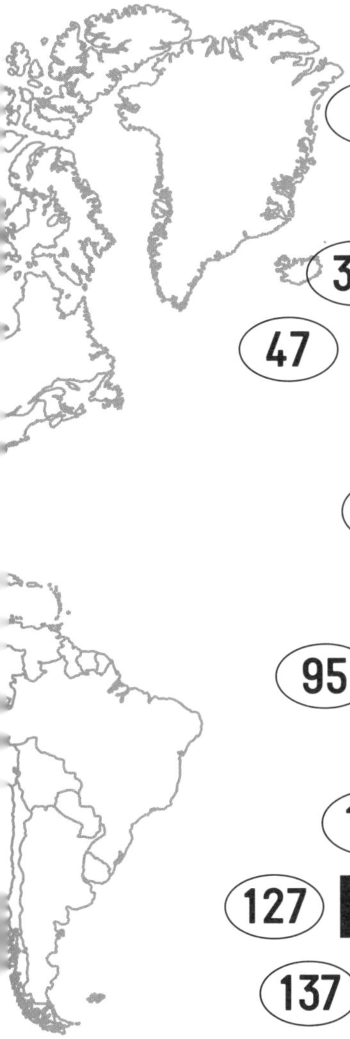

hands!
49
LOVE
LOVE
LOVE

VEDETT
OPEN MiC

look mum no hands!

LOOK MUM NO HANDS!

En janvier 2023, nous recevons un message qui nous fait l'effet d'une bombe. Matthew Harper, co-fondateur de *Look mum no hands!*, nous apprend la triste nouvelle : « Désolé, les gars, si j'ai fait le mort ces derniers temps, mais *LMNH!* va fermer pour de bon dimanche. Nous n'avons pas encore fait d'annonce, mais cela ne saurait tarder. »

LÀ OÙ TOUT A COMMENCÉ

Aussi, nous ne pouvions pas vous parler de cafés vélos sans commencer par rendre hommage à celui qui, selon nous, a été pionnier dans le domaine et qui en a, par la suite, inspiré bien d'autres. Celui, surtout, qui a été le point de départ de cet ouvrage et dont la fermeture nous a tant attristés.

Pendant l'hiver 2010, les habitants de Old Street à Londres ne se doutaient pas que, derrière les grandes baies vitrées du numéro 49, trois amis – Sam, le mécanicien cycles, Matt, le financier, et Lewin, le spécialise de la restauration – étaient sur le point, sans trop le savoir, de poser les jalons de ce que serait un café vélo. Comme le confiait Matt en 2014 au journal *Libération* : « On n'avait pas de *business model* en tête [...]. On aimait le café, on était fous de vélo... Et coup de bol : on n'était pas les seuls ! »

Pour beaucoup, *Look mum no hands!* est la référence, la source d'inspiration pour ouvrir un lieu communautaire pour les amoureux de vélos sous toutes ses formes. Et pour cause, ce lieu, désormais culte, fut précurseur en la matière, un des premiers cafés pour cyclistes au monde, combinant un café, un atelier de réparation, un bar et un espace d'exposition.

La vaste terrasse était le point de rendez-vous de tous les cyclistes de la capitale, du coursier à vélo au vélotaffeur, du sportif à l'amateur, mais aussi des non-cyclistes du quartier. On s'y croisait aussi bien à l'*afterwork*, ce moment si important à Londres, que le matin pour le classique *english breakfast*, petit déjeuner anglais traditionnel composé de haricots blancs, d'œufs et de bacon frit. À l'intérieur, les nombreuses tables pouvaient accueillir les groupes lors des projections du Tour de France. Et alors qu'à l'entrée les mécanos s'occupaient des vélos dans un atelier aux allures de conteneur, un peu plus loin, les baristas et les cuisiniers s'affairaient toute la journée et sans interruption autour d'une La Marzocco Strada et de la cuisine ouverte.

Look mum no hands! était ce genre de lieu où on se sentait bien.

L'établissement a fermé après treize ans. Bien plus qu'un simple café, il demeure une institution pour tous ceux qui y sont passés. Ce lieu mythique restera dans les mémoires et aura marqué toute une époque. Mais est-ce vraiment la fin pour autant ? C'est sûr que non !

« *Look mum no hands!* » est une expression utilisée par les enfants anglo-saxons lorsqu'ils apprennent à faire du vélo sans les mains. Le début de la liberté !

LONDON

G!RO

LONDRES, ESHER–ANGLETERRE

Point de convergence des cyclistes de la région et plus largement d'Angleterre, Esher est une ville paisible où il fait bon vivre. Située le long de la Tamise, près des collines du Surrey, elle est à seulement 25 kilomètres au sud-ouest du centre de Londres. Faiblement vallonnée et entourée de nombreux parcs, vignobles et zones boisées, Esher offre des parcours variés et un grand bol d'air frais aux cyclistes en quête de quiétude.

poc

G!RO

SUR LA ROUTE DES SURREY HILLS

2 High Street, Esher,
Surrey, KT10 9RT

Depuis 2013, le *G!RO Café* ne cesse de fédérer les cyclistes (et non-cyclistes) autour d'un esprit communautaire chaleureux et accueillant. Répertorié par *The Daily Telegraph* dans le top 3 des destinations cyclistes au Royaume-Uni, le *G!RO Café* est le lieu incontournable des rassemblements, que ce soit sur route ou en gravel. Les larges baies vitrées de la devanture laissent entrevoir de grandes tablées en bois, autour desquelles se rassemblent groupes d'amis, familles et passionnés de vélo de tous âges. Le long des murs en brique rouge se succèdent plusieurs maillots dédicacés, ainsi qu'un grand écran projetant les épreuves cyclistes.

#RIDEWITHMATES

Cet esprit communautaire de *G!RO* se retrouve d'ailleurs dans les nombreuses manifestations proposées par l'équipe du café. Une fois par semaine, aux beaux jours, les amateurs de vélo et de bière se réunissent après le travail pour rouler, sur route ou en gravel, avant d'aller trinquer tous ensemble. Soucieux de s'adresser au plus grand nombre, il n'est pas rare que le café propose également des initiations à la conduite en peloton ou des conseils techniques pour développer ses compétences hors route.

À l'étage se cache un atelier discret. Bien qu'il ne soit pas accessible au public, il représente toutefois une activité importante du café. Il permet en effet de faire réviser son vélo. Plusieurs forfaits sont proposés, du simple contrôle de base au démontage des roulements jusqu'au travail sur mesure. Il est aussi possible d'essayer, de tester et de louer des vélos grâce au partenariat noué avec Curve Cycling. Ce cadreur artisanal, basé à Melbourne en Australie, propose des vélos en titane et en acier aussi bien pour la route que pour les sentiers. Le café dispose par ailleurs de sa propre gamme d'accessoires et de vêtements *G!RO* pour s'équiper avec style, sous le hashtag fédérateur #ridewithmates.

Enfin, *G!RO*, c'est aussi une histoire de bon café. Pour servir aux cyclistes le meilleur de leur carburant favori, l'équipe s'est associée au réputé *Workshop Coffee*. Basé à Londres, *Workshop Coffee* a autant le souci de préserver la filière des producteurs que celui d'offrir à ses consommateurs la meilleure qualité possible. Ainsi, ce n'est pas pour rien que les UK Coffee Awards ont attribué à *G!RO Café* le meilleur arrêt de café pour les cyclistes !

À DÉCOUVRIR ÉGALEMENT

VIA ATELIER

Situé dans le quartier historique de King's Cross, ce concept présente une sélection des meilleures marques de cyclisme au monde. C'est l'endroit idéal pour découvrir les nouvelles tendances ou simplement pour passer le temps en buvant un café. Toutes les courses de la saison y sont retransmises en direct.

18-19 Stabble Street,
London, N1C 4AB

DENBIES WINE ESTATE

Installé dans un cadre enchanteur face à la célèbre côte de Box Hill, le vignoble de Denbies, qui est l'un des plus grands d'Angleterre, est prisé des cyclistes locaux. Il est en effet très agréable de s'y arrêter pour se restaurer et consommer quelques-uns de leurs meilleurs vins, installé au soleil. Pour les inconditionnels des boissons houblonnées, une sélection de bières locales est également proposée.

London Road, Dorking, Surrey, RH5 6AA

BRICK LANE BIKES

BLB est une institution datant de la grande époque du pignon fixe londonien. La boutique est née du rêve d'un ancien coursier et a vu le jour au croisement de Brick Lane et de Bethnal Green Road. Le petit magasin s'est rapidement développé pour devenir La Mecque européenne du vélo à pignon fixe et du vélo vintage.

---

118 Bethnal Green Road, London, E2 6DG

SURREY HILLS & LONDRES

LE CLIMAT

Mieux vaut être bien équipé pour faire du vélo en Angleterre. Avec ses 600 millimètres de précipitations annuels, Londres se situe dans la moyenne haute des villes les plus pluvieuses du pays. Toutefois, même si les averses sont assez fréquentes, il ne pleut pas plus à Londres qu'à Paris, Bruxelles ou Amsterdam. Point positif du climat britannique : la douceur des températures tout au long de l'année, ce qui rend la pratique du vélo plutôt agréable, et notamment l'été, avec un mercure qui avoisine les 20 °C en moyenne.

LE TERRAIN DE JEU

Que l'on soit amateur de vélo de route, de gravel ou de VTT, les Surrey Hills offrent une variété de terrains pour tous les goûts et tous les niveaux. Ses petites routes sinueuses à travers les vignobles raviront les débutants, tandis que ses célèbres ascensions – dont les emblématiques Box Hill et Leith Hill – mettront au défi les cyclistes les plus chevronnés. Les amateurs de gravel, de plus en plus nombreux, pourront quant à eux rejoindre les collines de Surrey depuis *G!RO* tout en sortant des sentiers battus.

Le sommet des crêtes offre une vue panoramique sur toute la vallée, mêlant terres viticoles et forêts verdoyantes, bordées au loin par la Tamise. Et pour les cyclistes explorant la région à vélo, ils pourront profiter de l'ambiance conviviale des cafés et des pubs locaux, toujours prêts à accueillir et à recevoir chaleureusement.

LA CULTURE CYCLISTE

Popularisé par Mark Cavendish qui a réalisé, en 2011, l'exploit hors pair de remporter à la fois le maillot arc-en-ciel du Championnat du monde et le maillot vert du Tour de France, l'Angleterre connaît un engouement sans précédent pour le cyclisme depuis une dizaine d'années. Une ferveur qui s'est d'ailleurs considérablement renforcée avec l'accueil des Jeux olympiques de Londres en 2012, l'année suivante, qui a mis en lumière les performances exceptionnelles de l'équipe cycliste britannique.

Le parcours olympique de la course en ligne sur route, qui empruntait celui de la London-Surrey Classic créée une année auparavant, a grandement contribué à renforcer la visibilité et la réputation d'Esher en tant que destination cycliste. En traversant Esher et en incluant pas moins de neuf ascensions de la célèbre côte de Box Hill dans le parcours, cet événement a donné un véritable coup de projecteur aux routes des Surrey Hills. La London-Surrey Classic a conservé ce tracé jusqu'en 2020.

Plus récemment, les Surrey Hills ont été mises en avant dans l'application d'entraînement Zwift, où elles ont été fidèlement reproduites numériquement.

Petites routes de campagne, chemins de terre

Route, gravel

Modéré

Facile à modérée

8 h. en été
3 h. en hiver

18 °C en été
5 °C en hiver

ABUS
GORE-TEX

ITINÉRAIRES

À LA DÉCOUVERTE DES COLLINES DU SURREY

↔ 67,2 km ↗ 860 m

○ Itinéraire route

Cette boucle permet de découvrir Leith Hill ainsi que quelques-uns des plus beaux points de vue qu'offre la région. Vous pourrez en profiter pour faire une petite pause au domaine viticole de Denbies.

BRIGHTON EXPRESS

↔ 89 km ↗ 850 m

○ Itinéraire route

C'est un grand classique des habitués du café. À l'approche de l'été, lorsque les journées rallongent, le jeu est d'enfourcher les vélos en direction de la mer pour y admirer, une bière à la main, le coucher de soleil. Si la plupart des gens rentrent en train, les plus vaillants choisissent de faire la route du retour de nuit.

BOUCLE VERS HENLEY

↔ 116 km ↗ 560 m

○ Itinéraire route

LA TOUR DE LEITH HILL

↔ 72,2 km ↗ 980 m

○ Itinéraire gravel

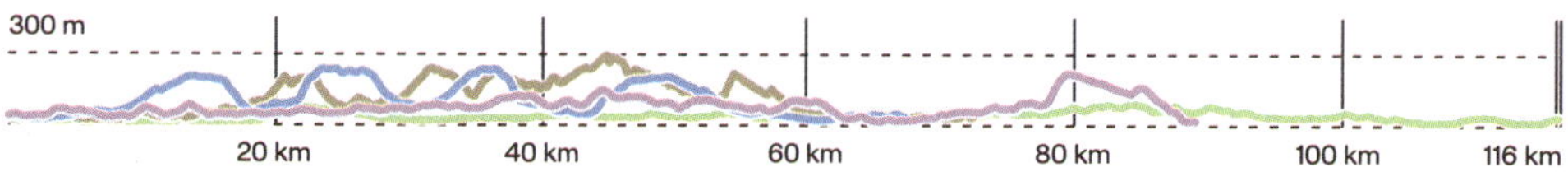

LONDON
VIA ATELIER
BRICK LANE BIKES
MAIDENHEAD
SLOUGH
WINDSOR
BRENTFORD
HAMMERSMITH
FULHAM
PUTNEY
HOUNSLOW
RICHMOND
EGHAM
ASHFORD
TEDDINGTON
BRACKNELL
ASCOT
KINGSTON UPON THAMES
CHERTSEY
WALTON-ON-THAMES
G!RO
WEYBRIDGE
ESHER
LIGHTWATER
COBHAM
EPSOM
WOKING
LEATHERHEAD
DENBIES WINE ESTATE
REDHILL
GUILDFORD
DORKING
GODALMING
HORLEY
CRAWLEY
HORSHAM
HAYWARDS HEATH
BURGESS HILL
STEYNING
LEWES
SOUTHWICK
HOVE
BRIGHTON
NEWHAVEN

GIRONA

LA FABRICA

GÉRONE–ESPAGNE

Située dans le nord-est de l'Espagne, non loin de la frontière franco-espagnole, Gérone est devenue ces dernières années la capitale du cyclisme, professionnel comme amateur. Son climat doux et ensoleillé, ses routes pittoresques exigeantes et peu fréquentées ainsi que son excellente infrastructure en font des critères de choix pour venir s'y entraîner tout au long de l'année. Marquée par une forte culture cycliste et un esprit communautaire unique, Gérone réunit la grande famille du vélo dans une ambiance conviviale et chaleureuse au cœur de ses remparts historiques, entre les fameuses passerelles qui enjambent la rivière Onyar et sa cathédrale du xe siècle.

LA FÁBRICA

TERRASSE FLEURIE

Carrer de la Llebre, 3
17004 Girona

Au bout d'une étroite ruelle pavée débouchant sur la petite place Sant Josep, c'est ici, au pied de longue enfilade de marches de la Carrer de la Llebre, que se dresse la terrasse de la discrète *La Fabrica*. Peu importe l'heure, nous sommes invariablement accueillis par un grand nombre de vélos, disposés sur l'imposant portant dédié, accrochés à même les murs ou placés entre les tables, faute de place.

LIEU ICONIQUE DE GÉRONE,* LA FABRICA *EST LE TOUT PREMIER CAFÉ DE SPÉCIALITÉ À AVOIR VU LE JOUR DANS LA VILLE.

Passé la porte de cet entrepôt centenaire qui abritait autrefois un atelier de menuiserie, on est plongé dans l'univers d'Amber et Christian Meier : des photographies en noir et blanc de l'ancien coureur professionnel ornent les murs en pierre, de nombreuses plantes vertes se mêlent aux bicyclettes, vélos et autres objets rétro, alors que des cagettes entières de fruits et légumes de saison agrémentent le comptoir d'accueil de leurs odeurs et de leurs couleurs. Sur les tables, des bidons flanqués des logos de sponsors servent de paniers à couverts.

Lieu iconique de Gérone, *La Fabrica* est le tout premier café de spécialité à avoir vu le jour dans la ville en 2012. *La Fabrica*, c'est avant tout le rêve d'Amber. Alors que Christian menait en parallèle sa carrière professionnelle au sein de l'équipe Orica-GreenEDGE, le couple s'est lancé dans l'apprentissage de l'art du café et la maîtrise du processus de torréfaction.

Soucieux d'apporter un service haut de gamme aux cyclistes, Amber et Christian élaborent une cuisine aussi gourmande et équilibrée qu'adaptée à l'effort et à la récupération du sportif. La qualité des préparations de café ainsi que les assiettes fleuries, colorées et généreuses de *La Fabrica* sont devenues sa marque (de fabrique).

Le succès de *La Fabrica* est tel que le couple a décidé d'ouvrir, à quelques rues de là, un second café plus modeste, *Espresso Mafia*. Christian y a installé une Joper de 15 kg avec laquelle il torréfie tous les lundis les grains de café qui seront servis dans les deux enseignes.

GIRONA

EAT SLEEP CYCLE

GÉRONE–ESPAGNE

Gérone, ville cycliste par excellence, est intrinsèquement liée à la culture du café vélo. Les cafés de spécialité dédiés à la communauté cycliste y sont légion. Les passionnés, professionnels ou non, s'y retrouvent pour partager leur amour du vélo autour de cafés d'exception.

EAT
SLEEP
CYCLE
CAFÈ RESTAURANT
MAXXIS

Rapha
Campagnolo

LUNCH
EAT
SLEEP
CYCLE
Sandwichs
Amanides
Poke Bols
Tapes

EAT
ORGANIC
TÉ VERDE

L'INVITATION AU VOYAGE

Carrer de l'Albereda, 15
17004 Girona

Fondé en 2016 par deux Anglais, Louise Laker et Lee Comerford, *Eat Sleep Cycle* est un incontournable pour les passionnés de vélo. Entre leurs débuts, avec sept vélos de location pour un voyage en groupe dans les Pyrénées, et aujourd'hui, à la tête d'un organisme complet groupant des activités d'organisation de voyages à vélo à Gérone et autres destinations emblématiques, d'une boutique et d'un café de spécialité, Louise et Lee ont gardé leur ligne directrice : offrir le meilleur aux passionnés de vélo de tous niveaux.

Chaque séjour proposé, que ce soit à Gérone, à Majorque, aux Canaries, dans les Alpes ou encore en Slovénie, est une expérience à la fois sportive et culturelle. Toujours dans ce souci d'apporter le meilleur à la communauté cycliste, la flotte de vélos destinés à la location est haut de gamme et couvre toutes les disciplines.

Eat Sleep Cycle a établi son camp de base dans le cœur de la ville, le long de la rivière Onyar, à quelques pas de l'iconique pont en métal rouge construit par Gustave Eiffel. La boutique est répartie sur plusieurs niveaux. Les sélections de vélos, d'équipements et d'accessoires sont soignées.

L'atelier est spacieux, les mécaniciens offrent des services de montage, d'entretien et de réparation, même en dernière minute. Les prestations sont de qualité, que ce soit pour des vélos haut de gamme ou plus communs.

En 2021, *Eat Sleep Cycle* s'est développé encore davantage, avec le soutien de sa communauté (grâce à une campagne de financement participatif fructueuse), en ouvrant un café à côté de la boutique et de l'atelier. *Eat Sleep Cycle* occupe désormais toute la place Carrer del Vern.

Le café de spécialité est torréfié localement. L'endroit est équipé d'une prestigieuse La Marzocco Strada 2 group AV aux empiècements transparents. La cuisine est saine, locale et majoritairement végane. On peut manger à toute heure de la journée et profiter d'un ravito à l'ombre des arbres sur la terrasse. Il n'est pas rare de garer son vélo à côté de celui d'un coureur professionnel venu pour apprécier un bon café après sa sortie.

Pour *Eat Sleep Cycle* et toute son équipe, Gérone représente l'essence même du cyclisme, et ils sont heureux de contribuer à son développement dans la région.

online lliurament en 48 h
COSTA BRAVA

LA MAGLIA

PLATJA D'ARO, COSTA BRAVA—ESPAGNE

Ville balnéaire nichée sur la Costa Brava, non loin de Gérone et de Barcelone, Platja d'Aro a les pieds dans l'eau et du vélo plein la tête. Principalement réputée dans la région catalane pour ses longues étendues de plages de sable fin et doré et sa vie nocturne animée, il n'est pas rare que les touristes en maillot de bain y côtoient les cyclistes en cuissards et jersey.

COFFEE & CO
La Maglia

La Maglia

La Maglia
panela

LE CAFÉ EN ROSE

Carrer Juli Garreta, 10
17250 Platja d'Aro, Girona

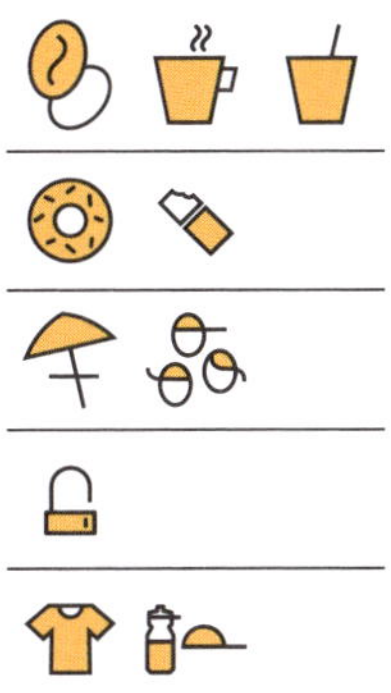

À l'instar de *On y va Coffee,* à Barcelone (*cf.* p. 47) – qui fait implicitement référence au Tour de France dans sa dénomination francophone –, *La Maglia Coffee & Co* en évoque un autre à la renommée mondiale : le Giro, en Italie, où le vainqueur porte *la maglia rosa*, « le maillot rose ».

À quelques encablures seulement de la Platja Gran, les baristas se bousculent le matin derrière le comptoir pour servir les clients qui font la queue jusque devant la façade vitrée de ce café à l'architecture contemporaine. Le passage couvert du centre commercial attenant permet aux groupes de cyclistes de ranger leurs vélos à l'abri du soleil et de la chaleur sur un long râtelier, tandis que la terrasse offre un cadre agréable pour profiter des différentes spécialités de café dont *La Maglia Coffee & Co* s'est fait l'expert.

LA MAGLIA COFFEE & CO *EN ÉVOQUE UN AUTRE À LA RENOMMÉE MONDIALE : LE GIRO, EN ITALIE, OÙ LE VAINQUEUR PORTE* LA MAGLIA ROSA, *« LE MAILLOT ROSE »*.

À l'intérieur, un vieux Bianchi vert céleste accroché à la vitrine répond avec élégance au rose des tasses à café. Une Eagle One de la marque italienne Victoria Arduino, installée dos au mur de faïence blanche, permet aux clients curieux d'observer les gestes précis de l'extraction du café. D'autres s'installent sur les banquettes avec, à la main, l'un des numéros du magazine *Volata* mis à disposition. Il est courant que des coureurs professionnels se mêlent aux habitués, spécialement lorsque la Volta de Catalunya ou la Vuelta font étape dans la région.
Enfin, au fond, un coin boutique propose une collection de vêtements et d'équipements cyclistes aux couleurs de *La Maglia Coffee & Co*.

Tout comme pour le large éventail de pâtisseries présenté, l'équipe de *La Maglia Coffee & Co* accorde une importance toute particulière au choix de ses grains de café. Pour cela, elle fait confiance à Cafè de Finca, qui torréfie artisanalement dans son atelier de Barcelone les grains de café issus de plantations au Honduras, au Nicaragua ou au Salvador, dans le respect de l'environnement et des conditions de travail des producteurs.

DOSKIWIS BREWING

Michael et Judit ont créé *DosKiwis Brewing* pour brasser les bières qu'ils voulaient boire et les partager avec leur communauté. Dans cet espace unique, les cultures néo-zélandaise et catalane se rencontrent. Les bières sont savoureuses, on peut y manger un morceau et passer un agréable moment en plein air.

Carretera de Parlavà, 22, 17131 Rupià, Girona

HORS CATEGORIE GIRONA

Ce café-restaurant vélo est une autre pépite de la ville. Ouvert par des passionnés de cyclisme, l'espace est dédié au vélo. On y vient pour le café et pour se restaurer. Des maillots de la Jumbo-Visma dédicacés sont encadrés. Une sélection de vélos mythiques décore le café, on ne sait pas où donner de la tête.

Carrer del Perill, 3, 17001 Girona

LA COMUNA CAFÉ

Ce café, créé par Jan et Emma Frodeno, deux triathlètes, s'est construit sur la base d'une cuisine locale, éthique et équilibrée. Car, pour faire du sport, il faut être en forme et bien manger. L'endroit déborde d'énergie positive, les cyclistes s'y arrêtent pour boire un excellent café et déguster de délicieux plats sains. Ce concept de bien-être propose aussi des hébergements pour des cours ou des retraites de yoga.

Carrer del Bellaire, 7, 17004 Girona

ESPRESSO MAFIA

Espresso Mafia est le second café de spécialité ouvert par Christian et Amber Meier à Gérone (*cf.* p. 23). Situé dans le cœur de la ville, à l'ombre des arcades, prenez place sur la terrasse pour boire un bon café accompagné d'une délicieuse pâtisserie.

Carrer de la Cort Reial, 5, 17004 Girona

À DÉCOUVRIR ÉGALEMENT

L'ANTENNE À MALAGA

Eat Sleep Cycle a ouvert une antenne à Malaga, la porte d'entrée vers l'Andalousie. La ville au climat réputé pour être l'un des meilleurs d'Europe est entourée de routes incroyables, de chemins de terre et de pistes de VTT. On y retrouve tous les ingrédients qui ont fait la réussite de Gérone, mais au sud de l'Espagne, cette fois.

Calle Carretería, 100
29008 Málaga

CATALOGNE

LE CLIMAT

Si autant de cyclistes professionnels ont choisi de s'installer à Gérone, c'est en partie parce que la région offre une météo particulièrement favorable au cyclisme tout au long de l'année. Des températures généralement douces et des périodes de froid limitées font dire à l'ancien professionnel cycliste Christian Meier que l'on peut rouler toute l'année, à l'exception de quelques semaines glaciales en décembre.

LE TERRAIN DE JEU

Autant le dire franchement, la région de Gérone est un véritable paradis pour les cyclistes. Des Pyrénées catalanes jusqu'à la Méditerranée, elle offre de superbes routes sinueuses et des ascensions exigeantes qui justifient le surnom de La Mecque du cyclisme.

Els Àngels est une magnifique ascension de 11 kilomètres à la sortie de la ville. Populaire en raison de sa proximité, elle est l'une des meilleures voies pour quitter Gérone. Au nord, le col de Rocacorba depuis Banyoles est un sacré morceau : 12,3 kilomètres à 6,5 % de pente moyenne avec des portions à plus de 13 %. La montée du sanctuaire de la Mare de Déu del Mont, longue de 18 kilomètres avec des lacets, permet d'atteindre le sommet à 480 mètres d'altitude, où la vue est sublime. Les trois derniers kilomètres sont assez exigeants. Il faut en garder sous la pédale. Plus haut, les Pyrénées et Andorre regorgent de cols mythiques. Au sud-ouest de la ville, l'ascension de Sant Hilari Sacalm et ses 18 kilomètres à 3,8 % de pente sont très appréciés des grimpeurs qui essaient de battre le chrono de Neilson Powless établi en 2021 sur les onze derniers kilomètres.

Il est possible d'aller voir la mer en moins de 50 kilomètres, alors quoi de plus tentant que d'arpenter les routes de la Costa Brava avant de revenir boire un *flat white* en terrasse ?

Paisibles et en très bon état, les routes de la région sont peu fréquentées par les voitures, qui se montrent la plupart du temps respectueuses et bienveillantes envers les cyclistes. Les automobilistes sont patients et gardent leurs distances lors de leurs dépassements. Régulièrement entretenus pour l'exploitation agricole, les chemins méritent eux aussi une mention spéciale. Ils sont nombreux et recouverts d'un gravier blanc parfait pour la pratique du gravel.

LA CULTURE CYCLISTE

Gérone respire le cyclisme, c'est certain. De nombreuses courses et cyclosportives sont organisées chaque année. Elles attirent les meilleurs coureurs, offrent des défis passionnants et permettent aux amateurs de vélo de vivre des moments sportifs inoubliables. The Traka est l'un des événements gravel les plus importants au monde. Chaque année, des milliers de participants se retrouvent à Gérone pour découvrir les plus belles pistes catalanes. De 50 à 360 kilomètres, ils sont mis à rude épreuve. Sur la plus longue distance, la course emmène les coureurs jusqu'aux paysages aussi sauvages que magnifiques du parc naturel du Cap de Creus. Le Gran Fondo de Gérone, organisé par le Club Ciclista Bike Breaks, est un autre rendez-vous cycliste à ne pas manquer. C'est carrément devenu un festival qui s'étale sur une semaine, avec au programme un critérium nocturne dans la vieille ville, une ascension chronométrée de la montagne Els Àngels et une boucle de 125 kilomètres dans la région vallonnée au nord de la ville.

Petites routes de montagne, chemins de terre, pistes régulières

Route, gravel

Varié

Modérée à élevée

11 h. en été
7 h. en hiver

24 °C en été
6 à 9 °C en hiver

GIRONA
LA FABRICA
EAT SLEEP CYCLE
HORS CATEGORIE
LA COMUNA CAFÉ
ESPRESSO MAFIA
DOSKIWIS BREWING
LA MAGLIA
VILABERTRAN
SADERNES
CISTELLA
FIGUERES
VILA-SACRA
CASTELLÓ D'EMPÚRIES
VILANANT
LLEDÓ
AVINYONET DE PUIGVENTÓS
VILAFANT
EL FAR D'EMPORDÀ
EMPURIABRAVA
FORTIÀ
ROS
MONTAGUT
TORTELLÀ
SALES DE LLIERCA
BEUDA
MAIÀ DE MONTCAL
CABANELLES
NAVATA
SANTA LLOGAIA D'ÀLGUEMA
ORDIS
BORRASSÀ
RIUMORS
VILAMALLA
SIURANA
ISTELLFOLLIT DE LA ROCA
T JAUME DE LLIERCA
ARGELAGUER
BESALÚ
JUÏNYÀ
CRESPIÀ
ESPONELLÀ
GARRIGÀS
PONTÓS
VILAMACOLUM
SANT PERE PESCADOR
SANTA EULÀLIA
TORROELLA DE FLUVIÀ
L'ARMENTERA
SERINYÀ
BÀSCARA
SANT MORI
VENTALLÓ
LES PRESES
SANTA PAU
MELIANTA
FONTCOBERTA
VILADEMULS
VILAÜR
SANT MIQUEL DE CAMPMAJOR
VILADAMAT
MIERES
BANYOLES
CAMALLERA
SANT ESTEVE D'EN BAS
ELS HOSTALETS D'EN BAS
MATA
VILOPRIU
GARRIGOLES
ALBONS
L'ESCALA
CAMÓS
VILADASENS
CORNELLÀ DEL TERRI
COLOMERS
LA TALLADA D'EMPORDÀ
BELLCAIRE D'EMPORDÀ
SANT FELIU DE PALLEROLS
PALOL DE REVARDIT
CERVIÀ DE TER
SANT JORDI DESVALLS
JAFRE
SANT ESTEVE DE LLÉMENA
VERGES
LES PLANES D'HOSTOLES
MEDINYÀ
CANET DE LA TALLADA
BORDILS
FLAÇÀ
ULLÀ
LA DE MONTGRÍ
SANT MARTÍ DE LLÉMENA
CANET D'ADRI
SANT JULIÀ DE RAMIS
SERRA DE DARÓ
GUALTA
CELRÀ
PARLAVÀ
RUPIT
LLORÀ
RUPIÀ
LA PERA
JUIÀ
SANT MARTÍ SACALM
AMER
SARRIÀ DE TER
FONTANILLES
ULLASTRET
SANT GREGORI
MADREMANYA
CORÇÀ
PALAU-SATOR
LA CELLERA DE TER
BONMATÍ
DOSCANÓ
PALS
ANGLÈS
PALOL D'ONYAR
SANT SADURNÍ DE L'HEURA
CRUÏLLES
VULPELLAC
FONTETA
TORRENT
OSOR
QUART
LLAMBILLES
LLOFRIU
PALAFRUGELL
MONT-RAS
BRUNYOLA
CAMPLLONG
CASSÀ DE LA SELVA
SANT HILARI SACALM
SANT ANDREU SALOU
VALL-LLOBREGA
SANTA COLOMA DE FARNERS
SANT MIQUEL D'ARO
CALONGE
SANT JOAN DE PAL
PALAMÓS
TORRE VALENTINA
CALDES DE MALAVELLA
LLAGOSTERA
RIUDARENES
SANTA CRISTINA D'ARO
CASTELL D'ARO
PLATJA D'ARO
ARBÚCIES
SILS
SANT FELIU DE GUÍXOLS
SANT FELIU DE BUIXALLEU
VIDRERES
RIELLS
MAÇANET DE LA SELVA
MASSANES
BREDA
HOSTALRIC
MONTBARBAT
GUALBA
FOGARS DE LA SELVA
CAMPINS
CAN SALVÀ
VIABREA
LA BATLLÒRIA
SERRA BRAVA
TOSSA DE MAR
SANTA MARIA DE LLORELL
CANYELLES
SANT ESTEVE DE PALAUTORDERA
TORDERA
LLORET DE MAR
SANT CELONI
BLANES
PALAFOLLS
900 m
600 m
300 m
20 km
40 km
60 km
80 km
100 km
123 km

ITINÉRAIRES

LA PORTE DES PYRÉNÉES

↔ 123,1 km ↗ 1970 m

○ Itinéraire route

ESC organise une sortie en groupe avec cet itinéraire chaque année depuis 2016 pour fêter son anniversaire. Mare de Déu est une sacrée ascension, connue comme étant la « porte des Pyrénées ». Elle a également une petite place dans l'histoire des deux fondateurs, car Lee a demandé Louise en mariage au sommet en 2015 !

MONTSENY EN TOILE DE FOND

↔ 122 km ↗ 2 110 m

○ Itinéraire route

Cet itinéraire est l'un des préférés du cycliste Justin Weeks autour de Gérone. Tout y est. Des montées assez longues, des petites routes de montagne, des descentes rapides et des vues magnifiques. Vous approcherez, à partir de la municipalité d'Arbúcies, au kilomètre 50, de la beauté et de la diversité des paysages du parc naturel de Massís del Montseny. À vous de rouler !

GRAVEL À SOUHAIT

↔ 79,7 km ↗ 1090 m

○ Itinéraire gravel

Justin recommande cette boucle gravel. Elle permet de découvrir une grande variété de paysages tout en restant assez proche de la ville. Il y a plusieurs façons de raccourcir ou d'allonger l'itinéraire en fonction de votre humeur du jour. Gardez-en sous la pédale pour la dernière ascension, qui commence après le kilomètre 67.

MASSIF DES GAVARRES

↔ 112 km ↗ 1670 m

○ Itinéraire route

MONASTÈRE ET ROUTE CÔTIÈRE

↔ 55,7 km ↗ 950 m

○ Itinéraire route

BARCELONA

ON Y VA

BARCELONE–ESPAGNE

Avec près de 6 millions d'habitants, Barcelone est la deuxième ville d'Espagne et la capitale de la Catalogne. C'est aussi une cité de contrastes qui vit au rythme de sa Rambla bouillonnante, de ses plages de sable fin bordées de palmiers, de son patrimoine architectural hérité de Gaudí, mais aussi de ses rues quadrillées de ville moderne. Il ne vous faudra que quelques coups de pédales pour vous échapper de l'effervescence citadine en direction des routes côtières ou des hauteurs du parc naturel de la Serra de Collserola.

OFFEE
ROASTI
BCN

MON-
08:30-
WEE
09:00

¡VAMOS!

Carrer de la Ciutat
de Balaguer, 45
08022 Barcelona

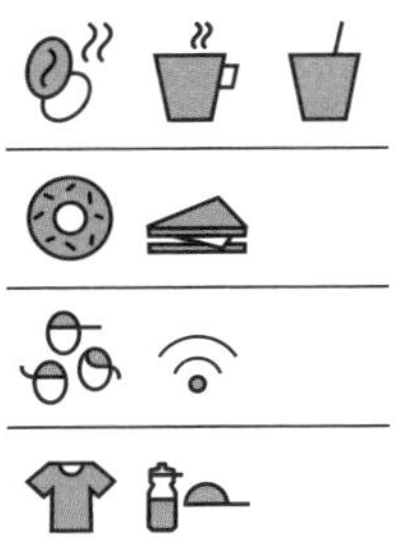

Chez *On y va Coffee*, tout le monde vous le dira : lorsque les fondateurs ont créé leur premier café en 2015, ils n'avaient pas d'autre intention que celle de faire (et de boire !) du bon café. Avant même d'être un lieu dédié au vélo, l'ambition de ses créateurs était de proposer un café de spécialité unique et de qualité. L'équipe s'est ainsi entourée de partenaires respectueux des valeurs du commerce équitable pour s'approvisionner en grains de café vert issus de petites exploitations (principalement de Colombie, du Brésil, d'Éthiopie et du Guatemala).

CLIN D'ŒIL À LA CULTURE FRANCOPHILE BIEN PRÉSENTE EN CATALOGNE ET AU CÉLÈBRE TOUR DE FRANCE.

On y va Coffee apporte également un soin particulier à la torréfaction de ses grains et à la composition de ses *blends* (assemblage de cafés de plusieurs origines). Dans la boutique située au 9, rue Cornet i Mas, vous pourrez admirer la magnifique et imposante Giesen, une machine de torréfaction importée tout droit des Pays-Bas.

Quand on pousse les portes, on est aussi séduit par l'odeur du café fraîchement torréfié que par l'esthétisme photogénique du lieu. Les murs de brique repeints en jaune canari, les immenses lettres noires suspendues au plafond et les sachets de café et accessoires de vélo soigneusement disposés sur de grandes étagères en bois donnent un cachet tout particulier à l'endroit. Derrière cette identité graphique forte se cache Martijn, l'un des associés. Le designer néerlandais voulait en effet démarquer *On y va Coffee* des autres cafés par des couleurs joyeuses, agréables et qui donnent envie de s'y arrêter.

Situés dans les quartiers nord de la capitale, au pied des premières ascensions, on comprend au nombre de cyclistes accoudés aux tables hautes que les *On y va Coffee* sont les points de rendez-vous d'avant et après les sorties.

À travers la référence orthographique française du lieu, Martijn fait un clin d'œil à la culture francophile bien présente en Catalogne et au célèbre Tour de France. Avec ces trois petits mots pleins d'entrain et d'enthousiasme, nul doute n'est permis : vous aurez envie d'enfourcher votre vélo sitôt votre café savouré.

LASER BARCELONA FLAGSHIP STORE

Depuis 2010, la boutique fondée par Justo Heras met à l'honneur la *street culture* à travers des produits imaginés à Barcelone et manufacturés en Europe. Si Justo a lui-même créé sa propre collection, il n'hésite pas à faire appel à d'autres artistes du monde entier. Fortement lié à la communauté vélo, il a d'ailleurs conçu une collection capsule avec Velodrom Barcelona.

Doctor Dou, 2, 08001 Barcelona

VELÒDROM D'HORTA ET PARC DE JOAN BROSSA

Construit en 1984 pour accueillir le Championnat du monde de cyclisme sur piste, ce vélodrome a reçu, la même année, le prix FAD d'architecture. Une reconnaissance qui lui a permis d'être choisi pour accueillir les compétitions olympiques de cyclisme sur piste de 1992.

Passeig de la Vall d'Hebron, 185-201, 08035 Barcelona

VELODROM BARCELONA

Cette boutique de Barcelone se distingue de sa sœur géronaise par une sélection pointue de vélos haut de gamme, qui en fait un lieu incontournable de la capitale catalane.

Carrer del Comte de Salvatierra, 6
08006 Barcelona

CUP – COFFEE UNION PLACE

L'établissement propose un café de spécialité aux amateurs de sports *outdoors*.
Fortement lié à la communauté vélo barcelonaise des Prblms Cycling Gang, le café est devenu le point de ralliement incontournable des Gravel Social Ride, qui s'évadent dans les montagnes de Castelldefels.

Avenida de la Constitució, 134
08860 Castelldefels, Barcelona

BARCELONE

LE CLIMAT

Tout comme Gérone et Majorque, Barcelone bénéficie d'un climat méditerranéen particulièrement favorable à la pratique du vélo tout au long de l'année. Avec un taux d'ensoleillement annuel de 60 %, Barcelone fait partie de ces grandes villes où il fait bon vivre. Le printemps et l'automne sont des saisons idéales pour faire du vélo, lorsque les températures sont plus clémentes et que les précipitations sont moins élevées. L'été, il est préférable de rouler tôt le matin ou en fin d'après-midi pour échapper au mercure bouillonnant des heures les plus chaudes. Toutefois, les cyclistes pourront profiter de l'air marin et des forêts avoisinantes qui leur offriront un écrin de fraîcheur. Quant à l'hiver, bien qu'il puisse être parfois pluvieux et venteux, il reste particulièrement doux, rendant la pratique du vélo plaisante.

LE TERRAIN DE JEU

Le vélo fait partie de la vie quotidienne de nombreux Barcelonais. Que ce soit pour se rendre au travail ou pour quadriller la ville en pignon fixe, les pratiques urbaines se sont rendues de plus en plus populaires au fil des dernières années. Barcelone est d'ailleurs l'une des premières villes d'Espagne en matière de politique cyclable avec plusieurs centaines de kilomètres cumulés de pistes.

Si la ville offre un maillage urbain très bien adapté à la pratique du vélo citadin, ses grandes avenues rectilignes mènent aussi vers des espaces naturels insoupçonnés. Il est en effet assez aisé de se retrouver rapidement en pleine nature, tantôt en s'élançant sur les petites routes côtières qui longent les plages méditerranéennes, tantôt en empruntant les chemins de terre qui sillonnent les collines environnantes de Collserola ou Montjuïc.

Le mont Tibidado, par exemple, situé au cœur du parc naturel de la Serra de Collserola, saura plaire à tous les cyclistes quelle que soit leur pratique et quel que soit leur niveau ! Alors que son ascension mettra au défi les grimpeurs, ses sentiers escarpés au sol rocailleux raviront les férus de VTT. Les amateurs de gravel, quant à eux, trouveront leur bonheur sur les larges chemins au gravier impeccable qui serpentent agréablement à flanc de colline.

LA CULTURE CYCLISTE

Bien moins populaire que sa petite voisine catalane, Gérone, Barcelone possède toutefois une riche tradition cycliste. Et pour cause, elle accueille depuis de très nombreuses années maintenant deux prestigieuses courses, la Vuelta (Tour d'Espagne) et la Volta Ciclista a Catalunya (Tour de Catalogne), au cours desquelles la montée du Montjuïc est régulièrement l'un des temps forts.

Petites routes côtières, chemins de terre, pistes

Urbain, route, gravel, VTT

Longues ascensions douces et quelques pentes bien raides

Modérée

12 h. en été
7 h. en hiver

24 °C en été
8 °C en hiver

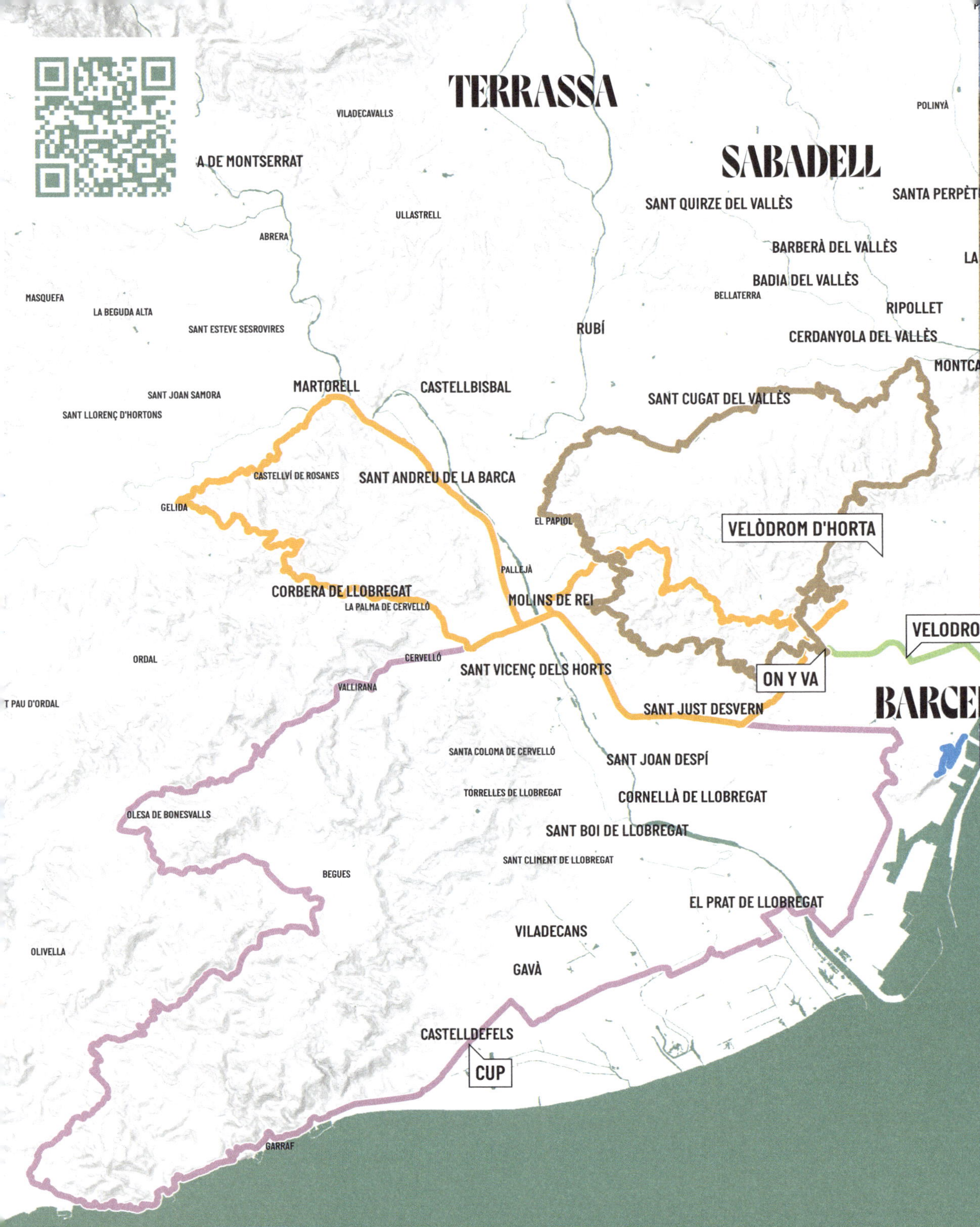
TERRASSA
SABADELL
VILADECAVALLS
POLINYÀ
A DE MONTSERRAT
SANT QUIRZE DEL VALLÈS
SANTA PERPÈTU
ULLASTRELL
ABRERA
BARBERÀ DEL VALLÈS
LA
BADIA DEL VALLÈS
BELLATERRA
MASQUEFA
LA BEGUDA ALTA
RIPOLLET
SANT ESTEVE SESROVIRES
RUBÍ
CERDANYOLA DEL VALLÈS
MONTCA
MARTORELL
CASTELLBISBAL
SANT JOAN SAMORA
SANT CUGAT DEL VALLÈS
SANT LLORENÇ D'HORTONS
CASTELLVÍ DE ROSANES
SANT ANDREU DE LA BARCA
GELIDA
EL PAPIOL
VELÒDROM D'HORTA
PALLEJÀ
CORBERA DE LLOBREGAT
MOLINS DE REI
LA PALMA DE CERVELLÓ
VELODROM
CERVELLÓ
SANT VICENÇ DELS HORTS
ON Y VA
ORDAL
VALLIRANA
T PAU D'ORDAL
SANT JUST DESVERN
BARCELONA
SANTA COLOMA DE CERVELLÓ
LASER
SANT JOAN DESPÍ
TORRELLES DE LLOBREGAT
CORNELLÀ DE LLOBREGAT
OLESA DE BONESVALLS
SANT BOI DE LLOBREGAT
SANT CLIMENT DE LLOBREGAT
BEGUES
EL PRAT DE LLOBREGAT
VILADECANS
OLIVELLA
GAVÀ
CASTELLDEFELS
CUP
GARRAF

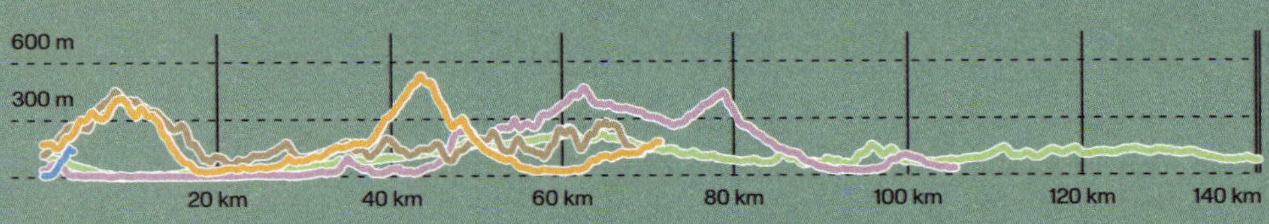
600 m
300 m
20 km
40 km
60 km
80 km
100 km
120 km
140 km

ITINÉRAIRES

COLLSEROLA ET TIBIDABO

↔ 69 km ↗ 1550 m

○ Itinéraire gravel

En remontant vers l'ouest, à seulement quelques kilomètres de l'animation de la Rambla, le parc naturel de la Serra de Collserola offre un terrain de jeu apaisant à l'écart de la frénésie de la ville. Avec ses 17 kilomètres de long et ses 6 kilomètres de large, il propose de nombreuses variantes d'itinéraires aussi bien en route qu'en gravel ou VTT. Pic culminant à 512 mètres d'altitude, le Tibidabo récompense des efforts fournis par une vue panoramique sur Barcelone et la Méditerranée.

DE BARCELONE À GÉRONE

↔ 140 km ↗ 1000 m

○ Itinéraire gravel

En s'échappant vers l'est, en direction de la mer Méditerranée, les petites routes côtières bordées de pins serpentent jusqu'à atteindre la superbe et célèbre Costa Brava (Platja d'Aro). En choisissant de rester dans les terres, plusieurs options de tracé en route et en gravel traversent de magnifiques parcs naturels et petits villages jusqu'à La Mecque du cyclisme (Gérone).

MONTÉE DE MONTJUÏC

↔ 3,4 km ↗ 160 m

○ Itinéraire gravel

Célèbre pour accueillir l'arrivée du Tour de Catalogne chaque année, Montjuïc est également l'emplacement du Parc olympique, construit à l'occasion des Jeux olympiques de 1992. Avec ses 6,5 % de pente moyenne sur près de 3 kilomètres, la montée de Montjuïc constitue un challenge sportif digne des coureurs professionnels ! Attention cependant : en dehors d'événements spécifiques, il est interdit d'emprunter cet itinéraire dans le sens de la montée. Vous voilà prévenu...

MASSIF DU GARRAF

↔ 105 km ↗ 1200 m

○ Itinéraire gravel

Exploration mi-route, mi-gravel du parc naturel de Garraf par Prblms.cg. Stop possible pour un café chez CUP - Coffee Union Place.

D'UN PARC À L'AUTRE

↔ 71,5 km ↗ 1250 m

○ Itinéraire route

MALLORCA

CYCLING PLANET

MAJORQUE, BALÉARES–ESPAGNE

Imaginez une île consacrée à la pratique du cyclisme, un territoire contenu aux paysages à couper le souffle et parcouru de routes sinueuses, d'ascensions dignes des plus grands tours, mais aussi de chemins de terre parfaitement entretenus. Cette île, dont les rivages se situent à quelques centaines de kilomètres seulement des côtes espagnoles, existe déjà. Très appréciée des cyclistes européens grâce à la douceur de son climat et à celle, bien plus relative, de ses routes côtières, il s'agit de Majorque !

Elle est la plus grande île de l'archipel des Baléares, aux paysages méditerranéens majestueux. On aime y rouler à travers les villages baignés de soleil, les orangeraies et les calanques isolées, ou fendre l'air le long des rivages.

10 8 165 93
6 4 94 57
JOHN SAEY
renovatie
MAVIC

PLANET
FORMENTOR 65Km
ORIENT 9'8Km
SANT SALVADOR 58Km
COLL DE SA BATALLA 25Km
CURA 35Km
COLL DE SOLLER 24Km
SA CALOBRA 46Km
PUIG MAJOR 48Km
CIPOLLINI

ALOIS KAŇKOVSKÝ
Albert Torres, Barcelo
D. MUNTANER
VEGGEROY

DE LA PISTE AU CAFÉ

Avenida Constitució, 26
07340 Alaró, Illes Balears

Cycling Planet a été fondé par David Muntaner et sa compagne, Laura Bruno. Tous les deux cyclistes, ils voulaient créer un lieu qui leur ressemble, avant tout familial, où l'on pourrait aussi bien se retrouver autour d'un café que s'équiper ou faire réparer son vélo. Cela n'était pas si courant à l'époque. C'est chose faite depuis 2012, avec ce café vélo installé dans le charmant village d'Alaró, au pied de la Serra de Tramuntana.

UN PLANCHER QUI PROVIENT DIRECTEMENT DE LA PISTE DU VÉLODROME PALMA ARENA.

En passant la porte, on se retrouve plongé dans l'univers de David, ancien champion du monde de piste. L'œil ne sait où se poser. Les murs et les tables sont recouverts d'un plancher de bois qui provient directement de la piste du vélodrome Palma Arena où s'est déroulé le Championnat du monde en 2007. On y reconnaît son couloir des sprinters et même sa ligne d'arrivée qui, ici, est couverte des signatures de cyclistes professionnels passés par le café, dont le très célèbre coureur espagnol Alejandro Valverde.

Les rayonnages de la boutique semblent vouloir se frayer une place avec difficulté parmi les multiples témoignages retraçant les faits marquants de la carrière de David : photos dédicacées, médailles olympiques, maillots arc-en-ciel de champion du monde, gapettes d'équipes pro, etc. On se croirait dans un musée !

À l'extérieur, les cyclistes se réunissent le matin autour des grandes tables en bois installées sur la terrasse. On y sert du café de la marque Arabay et d'excellentes tartines chaudes faites à partir de spécialités locales telles que la soubressade (saucisson épicé, originaire des Baléares, généralement étalé sur du pain). Des pancartes en bois fixées sur la façade rappellent la situation centrale et privilégiée du café. On peut y lire les noms des principales ascensions de l'île avec leurs distances en kilomètres. Les râteliers à vélos donnent la mesure du nombre de cyclistes qui se retrouvent régulièrement ici avant et après leurs sorties.

ARABAY

Torréfiant son café depuis 1952 dans un village voisin, cette entreprise, devenue au fil des années l'un des leaders espagnols du café de spécialité, est aussi très impliquée dans le cyclisme majorquin. En plus de financer les clubs locaux, elle a monté sa propre équipe professionnelle : l'Arabay Cycling Friendly Team.

Carrer del Sindicat, 5, 07002 Palma

LA MAR DOLÇA

Situé à Pollença, sur la route de Cap Formentor, ce *coffee shop* tenu par Esteban Silvace s'est rendu maître dans la préparation du café et des pâtisseries d'inspiration argentines. Pas étonnant que les cyclistes aiment tant s'y arrêter pour y siroter un cappuccino accompagné de quelques *empanadas* au *dulce de leche*.

Carrer de Sant Domingo, 27, 07460 Pollença

À DÉCOUVRIR ÉGALEMENT

PLAÇA DEL ROSARI

Impossible de ne pas passer par cette place lorsque l'on vient à Palma de Majorque. On y retrouve ici, dans un cadre ombragé et propice à la récup', l'un des célèbres Rapha Clubhouses ainsi qu'une boutique *Café du cycliste*. Le RCC MLL est d'ailleurs un acteur important de la scène locale. Il y organise souvent des événements route et gravel.

Plaça del Rosari, 1, 07001 Palma

CANYON

MAJORQUE

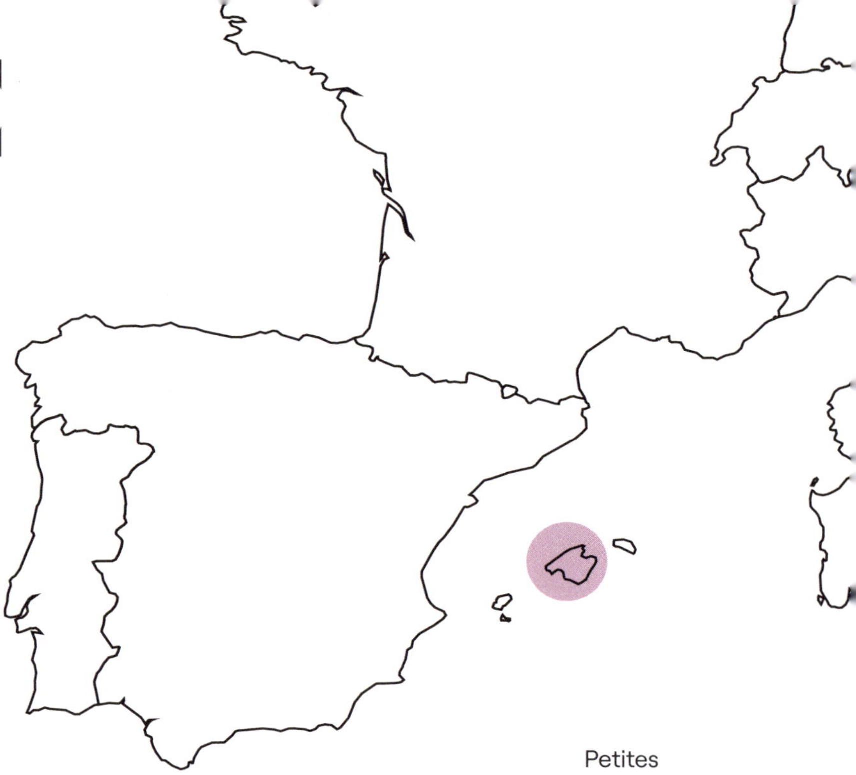

LE CLIMAT

Avec un climat méditerranéen agréable et des températures douces pendant une grande partie de l'année, on comprend pourquoi beaucoup de cyclistes viennent régulièrement jusqu'ici, souvent en famille, pour s'entraîner.
En effet, si, en été, les entrées maritimes permettent de conserver des températures élevées sans être étouffantes, en hiver, la Serra de Tramontana, qui s'étend le long de la côte septentrionale de l'île, bloque les vents froids venus du nord. À l'exception de quelques jours pluvieux ou très venteux, on peut rouler en court même en plein hiver.

LE TERRAIN DE JEU

Malgré un territoire insulaire forcément contenu, Majorque dispose d'une grande variété de routes, de chemins et de sentiers qui en font une destination de rêve pour le cyclisme, quels que soient son niveau ou sa pratique.
La Serra de Tramontana, au nord, est le paradis des grimpeurs avec ses routes aux lacets spectaculaires et sa vue panoramique sur la mer et les montagnes. Les plus belles ascensions de l'île y sont répertoriées. Certaines d'entre elles, comme Sa Calobra ou Cap Formentor (*cf.* Itinéraires), que l'on doit à un architecte italien du nom d'Antonio Paretti, font même partie des plus belles au monde.
La partie centrale de l'île, avec ses chemins agricoles de terre et ses petits villages traditionnels aux rues étroites, est, elle, particulièrement adaptée aux sorties gravel.

LA CULTURE CYCLISTE

Chaque année, La Mallorca 312 attire près de 8 000 cyclistes amateurs venus du monde entier. Divisé en plusieurs itinéraires, dont le plus long est une boucle de 312 kilomètres autour de l'île, cet événement à la notoriété internationale est considéré comme l'un des plus grands défis cyclistes d'Europe en raison de ses parcours exigeants.
Les meilleures équipes professionnelles se retrouvent quant à elles en début de saison pour le Challenge de Majorque : une série de cinq courses en ligne qui se déroulent sur plusieurs jours.

Petites routes côtières sinueuses, longues lignes droites, chemins accidentés, pistes

Route, gravel, VTT

Longues ascensions

Modérée à élevée

13 h. en été
7 h. en hiver

26 °C en été
11 °C en hiver

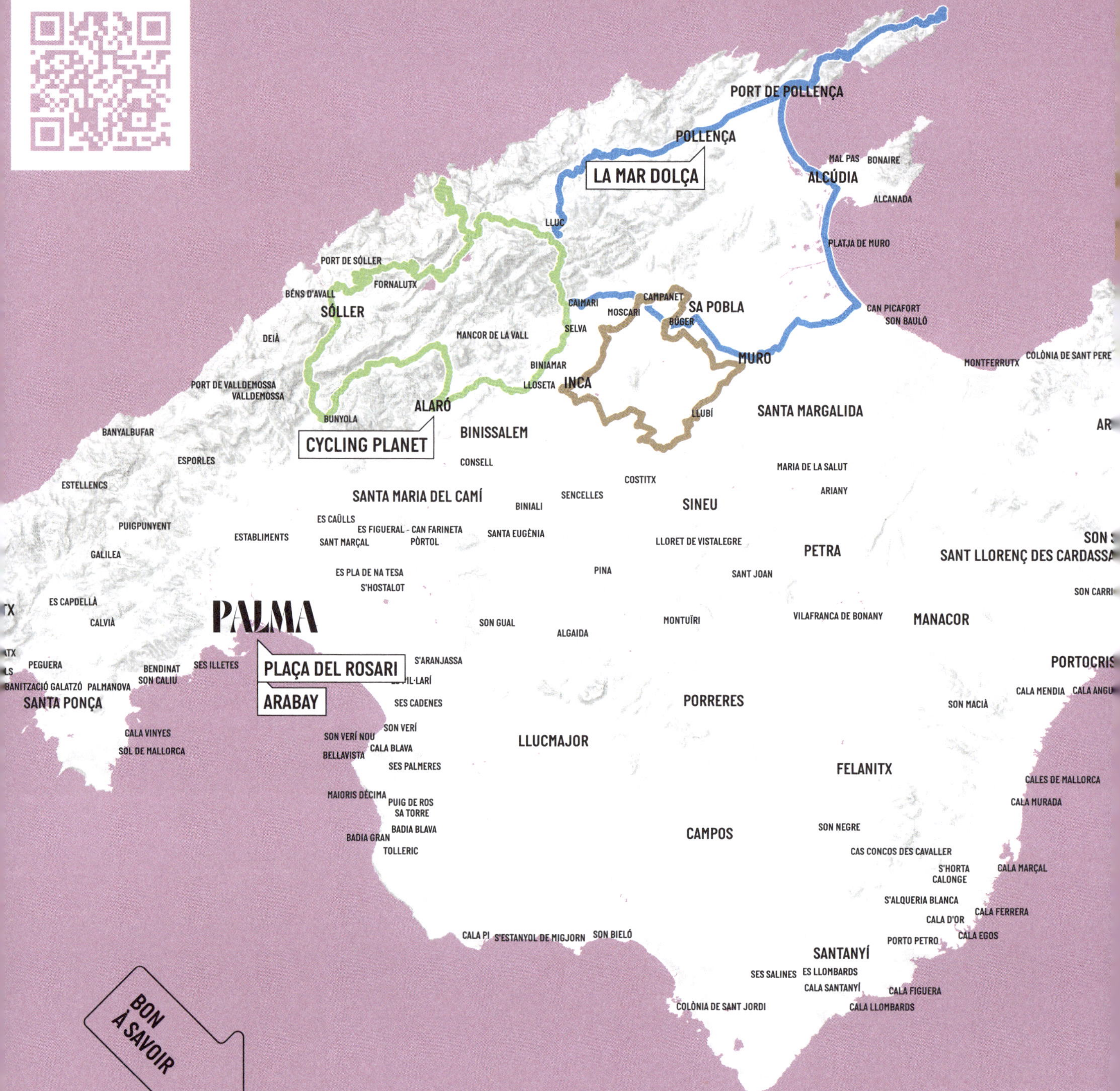

BON À SAVOIR

Les routes de Sa Calobra et de Cap Formentor sont fermées à la circulation des automobiles de mi-juin à mi-septembre.

ITINÉRAIRES

SA CALOBRA ET TRAMUNTANA

↔ 119 km ↗ 3 100 m

○ Itinéraire route

Un itinéraire pour les grimpeurs avec cette boucle qui fait découvrir quatre des plus beaux cols de l'île, avec l'incroyable route de Sa Calobra et ses 26 épingles, dont le célèbre et mémorable nœud de cravate.

CAP FORMENTOR ET LES PLAGES

↔ 118 km ↗ 1 990 m

○ Itinéraire route

L'extrémité est de l'île cache un phare accessible uniquement par cette petite route qui serpente entre les flancs nord et sud de la Serra d'Albercutx.

GRAVEL AU CŒUR DE L'ÎLE

↔ 54,1 km ↗ 340 m

○ Itinéraire gravel

Traversant des chemins agricoles non asphaltés, ce parcours permet de découvrir une version moins populaire, mais tout aussi charmante de Majorque : celle des orangeraies, des moulins et des petits villages traditionnels aux longs murs de grès.

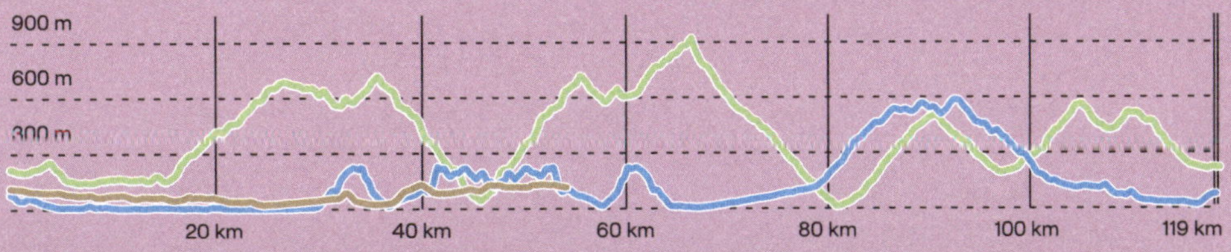

PARIS

STEEL

PARIS–FRANCE

La pratique du vélo à Paris se développe chaque année davantage, et nombreux sont les usagers qui se lancent quotidiennement sur les pistes cyclables de la capitale. Point d'orgue : le mois de juillet, au cours duquel ses habitants vibrent à l'arrivée du Tour de France sur les Champs-Élysées.

Véritable musée à ciel ouvert, Paris est une ville mondialement connue pour ses monuments historiques, sa richesse culturelle et artistique, ou encore sa gastronomie. Des millions de personnes viennent la visiter tous les ans. Alors pourquoi ne pas la découvrir à vélo ?

STEEL
Food & Drinks
PARIS
LA CHANCE

ALORS, ÇA ROULE ?

58, rue de la Fontaine-au-Roi
75011 Paris

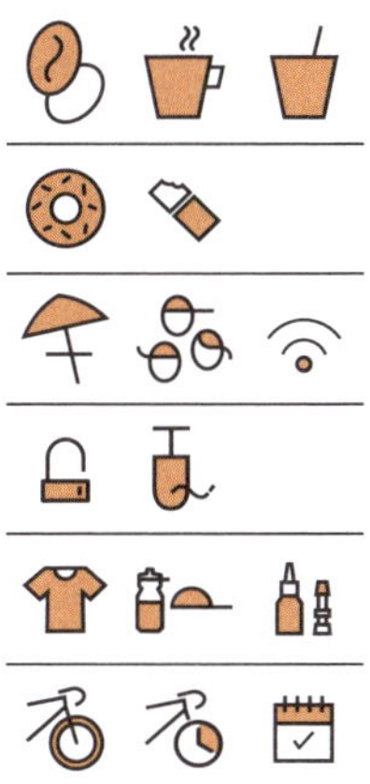

Steel Cyclewear & Coffeeshop a été un précurseur sur le territoire français. Marc Schmitt, le fondateur, a eu l'idée d'ouvrir ce café pour les amateurs de vélo dans la capitale après de nombreux voyages à l'étranger. Lui-même grand passionné, il a été l'un des pionniers du bike polo et a largement contribué au développement de cette discipline. Alors, au guidon du magazine *Steel*, il a décidé d'ouvrir un concept-store du même nom en 2015. *Steel Cyclewear & Coffeeshop*, le premier café vélo français, a ouvert ses portes dans le 11e arrondissement de Paris, à deux pas de la place de République, près du canal Saint-Martin, dans un quartier animé de jour comme de nuit. À la fois magasin de vélo spécialisé dans les vêtements techniques et café de spécialité, *Steel Cyclewear & Coffeeshop* est aujourd'hui un lieu de destination incontournable pour tous les cyclistes de la capitale qui viennent discuter de leur passion et de voyages à vélo.

Le café et la boutique partagent un même espace. Certains boivent un café avant d'aller rouler. D'autres en reviennent. Les cyclistes, casque et GPS sur la table, côtoient une clientèle de quartier ou simplement de passage pour un *latte* à emporter.

Ten Belles torréfie pour *Steel Cyclewear & Coffeeshop* un assemblage unique de cafés. La torréfaction est plutôt douce. Le *blend* est imaginé pour être utilisé aussi bien en expresso qu'en méthode douce. *Steel Cyclewear & Coffeeshop* est l'un des rares cafés de la capitale à proposer comme méthode d'extraction l'Aeropress aux côtés du V60 sur son menu. Coté mécanique, *Steel Cyclewear & Coffeeshop* a fait le choix de la fiabilité et des lignes simples et épurées de La Marzocco Linea Classique deux groupes.

La spécialité : *banana bread,* brownies et cookies sont faits maison chaque matin par un *coffee shop* voisin : *The Beans On Fire.*

La partie boutique est spécialisée dans la pratique du gravel et le voyage à vélo. Les produits sont sélectionnés avec la plus grande attention afin d'équiper au mieux les cyclistes pour leurs prochaines aventures. L'équipe est passionnée et toujours heureuse de pouvoir prodiguer de bons conseils. Bon plan : *Steel Cyclewear & Coffeeshop* propose aussi des vélos gravel à la location.

STORM CYCLING CLUB

Café, *indoor cycling*, boutique, le tout réuni dans un même lieu sur la rive gauche de la Seine. *Storm Cycling Club* accompagne les cyclistes avec des entraînements adaptés à leur niveau. Il est même possible d'y faire laver son vélo.

---

27 *bis*, rue du Cardinal-Lemoine, 75005 Paris

SONNY'S PIZZA

Enfin une pizzeria new-yorkaise à Paris qui propose des pizzas généreuses avec des garnitures pleines de saveurs. La playlist orientée hip-hop accompagnera votre fin de *ride* sur la terrasse. Optez pour la pizza pepperoni classique et demandez le supplément miel épicé.

5, rue de la Fontaine-au-Roi, 75011 Paris

L'EXPRESS BAR

Dans cette brasserie parisienne tenue par des Basques, calez votre monture à portée de vue, installez-vous sous le maillot Euskaltel-Euskadi de Romain Sicard et commandez à toute heure. Une bavette-frites n'a jamais fait de mal après une sortie. Et, comme quoi, il n'y a pas que le rugby et le surf au Pays basque, il y a aussi le vélo !

23, rue du Roule, 75001 Paris

CAFÉ VERLET

La maison torréfie le café de manière artisanale depuis 1880. Autant dire que c'est l'endroit idéal pour déguster quelques grands crus et... pour fuir les touristes entre le Louvre et l'Opéra.

256, rue Saint-Honoré, 75001 Paris

À DÉCOUVRIR ÉGALEMENT

STOLEN GARAGE

À deux pas de Paris, *Stolen* promeut l'artisanat, le vélo et son art de vivre dans un lieu unique et hybride. Le café et l'atelier se partagent cet espace (de rencontre). Des vélos sur mesure, du café de spécialité et des plats faits maison, que demandez de plus ?

11, avenue Jean-Jaurès
93310 Le Pré-Saint-Gervais

RIDE IT LIKE
IT'S STOLEN

ÎLE-DE-FRANCE

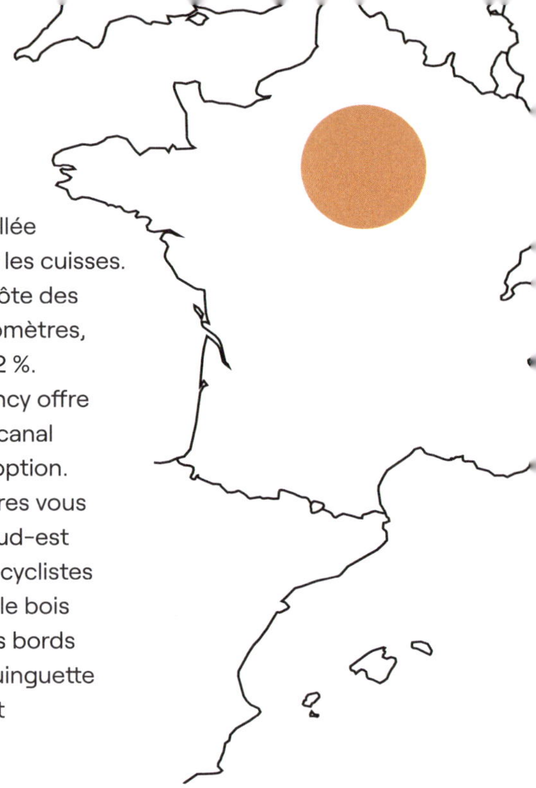

LE CLIMAT

On ne vient pas à Paris pour sa météo, mais on peut y faire du vélo en toutes saisons. Le ciel de l'Île-de-France est souvent couvert. Les précipitations sont régulières tout au long de l'année mais peu soutenues. La veste de pluie n'est jamais très loin, souvent dans la poche arrière du maillot. Les hivers sont plutôt frais et les étés, beaux et chauds.

La lumière à Paris est unique et, en passant à vélo devant la tour Eiffel le long de la Seine, on se surprend à ralentir la cadence.

LE TERRAIN DE JEU

Paris n'est pas une capitale très étendue avec seulement 18 kilomètres d'est en ouest. Relativement plate, elle est parfaitement adaptée au vélo urbain. La mairie encourage fortement sa pratique au quotidien, et le nombre de déplacements à vélo ne cesse de croître grâce à la mise en place d'un réseau de plus de 1 000 kilomètres de pistes cyclables sécurisées quadrillant la ville.

Il est possible de tourner les jambes en pleine ville, deux anneaux d'entraînement fermés à la circulation faisant le bonheur des cyclistes. À l'est se trouve l'anneau cyclable Raymond-Poulidor, long de 3,13 kilomètres, plus communément appelé « Polygone de Vincennes ». À l'ouest, l'anneau de Longchamp et ses 3,6 kilomètres entourent l'hippodrome.

Sortir de la zone urbaine parisienne prend un certain temps ; le trafic étant plutôt dense, il faut se montrer patient, mais cela vaut le coup (de pédale).

Les grimpeurs se donnent rendez-vous à l'ouest de la ville dans le parc naturel régional de la Haute-Vallée de Chevreuse pour se chauffer les cuisses. Tout particulièrement dans la côte des 17 tournants, longue de 3,8 kilomètres, avec une pente moyenne de 7,2 %. Au nord, la forêt de Montmorency offre de belles ascensions. Suivre le canal de l'Ourcq est également une option. La piste cyclable de 52 kilomètres vous emmènera jusqu'à Meaux. Le sud-est parisien est plus bucolique, les cyclistes sortent de la ville en traversant le bois de Vincennes pour rejoindre les bords de Marne. Un arrêt dans une guinguette pendant sa sortie est fortement recommandé.

LA CULTURE CYCLISTE

« La petite reine » fait partie intégrante de la culture française. Le cyclisme est un sport qui rassemble des personnes de tous âges et tous niveaux de pratique, que ce soient des amateurs passionnés, des cyclotouristes ou des coureurs professionnels. Les clubs cyclistes sont très présents en France.

Le Tour de France est de loin la course la plus célèbre, la plus prestigieuse et la plus regardée. Des millions de fans suivent chaque année pendant trois semaines le peloton qui traverse le pays et son patrimoine naturel et culturel jusqu'à son arrivée sur la plus belle avenue du monde. De 1968 à 1974, le Tour de France se terminait sur le vélodrome de la Cipale, inauguré en 1896, renommé depuis vélodrome Jacques-Anquetil. La piste chargée d'histoire accueille deux clubs parisiens, le Paris Cycliste Olympique et le Vélo-club des Vétérans parisiens. La région parisienne accueille aussi le départ d'autres grandes courses professionnelles, notamment la course à étapes Paris-Nice, ou encore la plus célèbre des courses d'un jour, Paris-Roubaix.

Ville, routes de campagne, chemins de terre

Urbain, route, gravel

Relativement plat

Modérée

10 h. en été
3 h. en hiver

20 °C en été
4 °C en hiver

NO ROAD
NO PROBLEM

SEVRAN
LA COURNEUVE
DRANCY
AUBERVILLIERS
CLICHY-SOUS-BOIS
BOBIGNY
BONDY
SAINT-GERMAIN-EN-LAYE
CLICHY
NANTERRE
COURBEVOIE
STEEL
STOLEN GARAGE
PUTEAUX
SOONY'S PIZZA
LES LILAS
CHELLES
RUEIL-MALMAISON
MARLY-LE-ROI
SURESNES
BAGNOLET
NEUILLY-PLAISANCE
PARIS
SAINT-CLOUD
SAINT-MANDÉ
L'EXPRESS BAR
BRY-SUR-MARNE
LE CHESNAY-ROCQUENCOURT
SÈVRES
VILLIERS-SUR-MARNE
CAFÉ VERLET
CHARENTON-LE-PONT
FONTENAY-LE-FLEURY
MEUDON
IVRY-SUR-SEINE
CHAVILLE
STORM CYCLING CLUB
VERSAILLES
BOIS-D'ARCY
VIROFLAY
VÉLIZY-VILLACOUBLAY
TRAPPES
GUYANCOURT
VOISINS-LE-BRETONNEUX
ORLY
MASSY
MAGNY-LES-HAMEAUX
PALAISEAU

ITINÉRAIRES

LACHLAN MORTON'S RECOVERY RIDE

↔ 60,8 km ↗ 590 m

○ Itinéraire route

Cet itinéraire a été dessiné par Foucauld Duchange pour Lachlan Morton. Il avait besoin d'une sortie de récupération après The Alt Tour, son tour de France en *bikepacking* de 5 500 kilomètres. Il désirait voir Versailles et faire une pause dans une bonne boulangerie. La sortie se termine donc devant le *Comptoir Poilâne*, dont la créatrice est également cycliste.

BANLIEUE EST VERSION SAUVAGE

↔ 82,6 km ↗ 360 m

○ Itinéraire gravel

Ce parcours est la preuve que ville et gravel sont compatibles. Il démarre par le canal de l'Ourcq et fait rentrer par la Marne en passant par des chemins parfois insoupçonnés. Son faible dénivelé permet de lâcher les chevaux sur de longues portions. Un jour, dans une descente entre deux haies de lotissement, un chevreuil a traversé juste devant Foucauld. L'aventure est au coin de la rue !

A DAY IN HELL

↔ 80,4 km ↗ 660 m

○ Itinéraire route/gravel

Pendant plusieurs années, Foucauld s'est occupé de tracer le parcours pour A Day in Hell, un événement organisé par Rapha en hommage à Paris-Roubaix. Ce parcours fait donc la part belle aux portions pavées et chemins de traverse, mais il reste praticable sur un vélo de route en pneus de 28 millimètres pour respecter l'esprit de l'enfer du Nord.

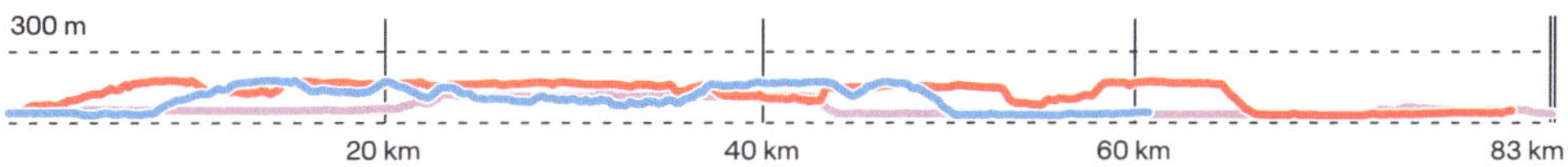

Nice
20
22

CAFÉ DU CYCLISTE

NICE, CÔTE D'AZUR—FRANCE

Sur la Côte d'Azur, on connaît Nice pour son architecture colorée, la promenade des Anglais bordée de palmiers et d'hôtels de luxe qui font face à la mer d'un bleu turquoise. Avec un climat favorable toute l'année, un terrain de jeu parfait pour presque toutes les pratiques du vélo et une forte culture cycliste, la ville a su convaincre un bon nombre de coureurs professionnels et amateurs du monde entier.

CAFÉ DU CYCLISTE

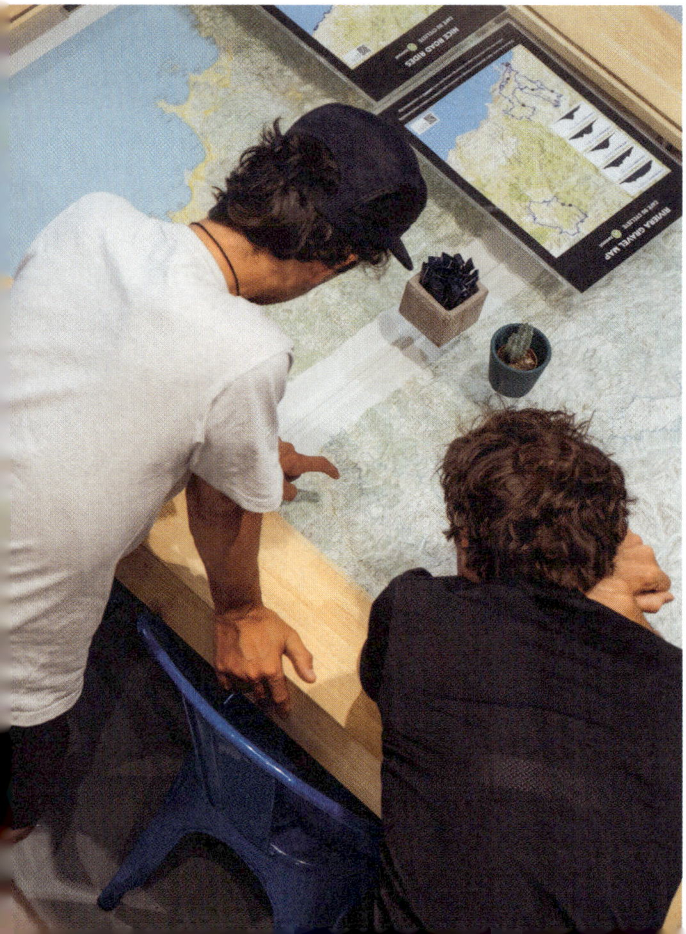

UN CAFÉ SUR LE PORT

16, quai des Docks
06300 Nice

Il règne au *Café du Cycliste* comme un air de *Dolce Vita*. Sur le vieux port de Nice, les vélos de route flambant neufs côtoient les pointus colorés (embarcations de pêcheurs traditionnelles et emblématiques du sud-est de la France) dont les mats se reflètent dans les vitrines du café.

À l'intérieur, l'immense hauteur sous plafond décuple l'impression d'espace déjà remarquable pour un établissement du centre-ville de Nice.

Tables de bistrot, fanions aux couleurs des maillots distinctifs du Tour de France, large choix de boissons, croissants et pâtisseries : pas de doute, le *Café du Cycliste* est un lieu de vie et de convivialité avant tout. Les vélos sont les bienvenus à l'intérieur, un espace leur est réservé à l'entrée.

Les groupes de cyclistes se retrouvent autour de la grande table vitrée dévoilant une carte en relief de la région. Idéal pour partager ses tracés et anecdotes ou indiquer aux « nouveaux » des points d'intérêts immanquables comme le fameux virage où l'on retrouve Michel, le célèbre batteur du col de la Madone, qui installe régulièrement son instrument au bord de la route de l'ascension du col.

Pour Rémi Clermont, le fondateur, le café est avant tout un lieu de rencontre. Un camp de base où l'on aime passer un peu de temps : « Le vélo est un sport individuel, mais ultra-convivial. »

La partie boutique s'étend sur plusieurs niveaux, et il n'en faut pas moins tant la gamme est large. La marque Café du Cycliste n'a cessé de casser les codes depuis sa création. Ici, pas de basiques noirs intégraux, rouler avec allure se fait aussi en couleurs. Il n'est donc pas rare de trouver des marinières et des motifs colorés rappelant les couleurs de la Côte d'Azur et de la Provence. Pour chaque collection, on remarque la diversité des matières techniques, les designs à la fois performants et élégants, et le souci de durabilité cher à la marque.

Au-delà du bord de mer, le *Café du Cycliste* propose de partir explorer l'arrière-pays niçois à travers de nombreux itinéraires routes et gravel, à découvrir seul ou lors de sorties organisées.

Pour la clientèle de passage, le café propose également de la location de vélos haut de gamme ainsi qu'un vestiaire et des douches, bien pratiques avant de prendre un avion ou un train.

ARLEQUIN GELATI

Véritable institution empruntée à la tradition ligurienne, les crèmes glacées ont fait la réputation de Nice. Cet artisan venu tout droit de Milan propose des glaces traditionnelles délicieuses, à base de produits frais et de saison.

9, avenue Malaussena, 06000 Nice

CHEZ PIPO

Comment ne pas terminer une journée niçoise sans déguster cette fameuse galette de farine de pois chiche aux saveurs si caractéristiques de la Méditerranée.

13, rue Bavastro, 06000 Nice

CHEZ TINTIN

Casse-croûte parfait pour se restaurer après une sortie, le pan-bagnat mérite son statut d'emblème de la *street food* niçoise.

3, place du Général-de-Gaulle, 06100 Nice

À DÉCOUVRIR ÉGALEMENT

THE SERVICE COURSE

Antenne française du groupe du même nom, elle vous accueillera avant ou après votre *ride* pour partager sa passion du café et du cyclisme dans sa boutique du Vieux-Nice.

1, rue de l'Ancien-Sénat
06300 Nice

THE
SERVICE
COURSE

PAYS NIÇOIS

LE CLIMAT

Du fait de sa situation géographique nichée entre les rivages de la Méditerranée et les contreforts des Alpes, Nice profite d'un microclimat exceptionnel qui contribue largement à sa renommée. L'hiver, on roule plutôt en bord de mer où les températures y sont clémentes. L'été, on s'échappe de l'effervescence touristique des plages pour s'attaquer aux cols d'Èze, de Braus et du Turini voisins.

LA CULTURE CYCLISTE

Nice, déjà célèbre pour accueillir régulièrement le Tour de France en tant que ville étape, l'est aussi pour être la ville d'arrivée du Paris-Nice, course de cyclisme sur route majeure qui a lieu au mois de mars depuis 1933, mais aussi de plusieurs anciennes courses, aujourd'hui disparues, et le très réputé Ironman.

Le Torino-Nice Rally est un monument gravel créé en 2015 par James Olsen qui relie Turin à Nice par la montagne et ses chemins. Il fait aujourd'hui office de référence en matière d'itinérance à vélo gravel.
En parcourant cet itinéraire de 700 kilomètres avec plus de 20 000 mètres de dénivelé positif, on comprend que l'endroit idéal pour faire du vélo en montagne se situe entre 2 000 et 3 000 mètres d'altitude.
De nombreuses cyclosportives ont lieu à Nice chaque année ; la liste est longue pour le plaisir des amateurs locaux et étrangers qui profitent à vélo des merveilles de l'arrière-pays niçois.

LE TERRAIN DE JEU

Rares sont les villes d'où il est aussi simple de s'extraire pour aller rouler. Bien que la Côte d'Azur soit principalement réputée pour ses plages, à Nice, on est aussi près des montagnes qu'à Grenoble des Alpes françaises. « On joue ici dans la face cachée de la Côte d'Azur », comme le dit volontiers Rémi.
Au départ du *Café du Cycliste*, on peut rejoindre en quelques minutes les premières petites routes escarpées.
Vers l'est, on trouve les collines jusqu'à Monaco, la basse, la moyenne et la haute corniche, mais surtout le col d'Èze, incontournable du Tour de France, ses 10 kilomètres à la sortie de Nice offrant des pentes allant jusqu'à 10 %.
Un panorama sur la Côte d'Azur, du Cap-Ferrat à l'Italie, est à couper le souffle.

En continuant à grimper, on commence à apercevoir les lacets du col exigeant du Turini depuis Sospel. 24 kilomètres à plus de 5 % de pente moyenne.
Les Zinzins de Turini est un challenge public pour les meilleurs grimpeurs.
Le concept est simple : monter le col par les trois côtés en moins de 24 heures.
Plus loin, l'ascension du col de la Bonette, avec ses 2 715 mètres d'altitude, vous emmènera sur l'une des routes les plus hautes d'Europe.
À l'ouest se situent le col de Vence, 10 kilomètres à quasiment 7 % de pente moyenne depuis Vence, et celui de la Madone d'Utelle et ses 15 kilomètres à presque 6 % de moyenne.

Petites routes de haute montagne, chemins de terre assez caillouteux, pistes

Route, gravel, VTT

Longues ascensions de cols

Élevée

12 h. en été
6 h. en hiver

22 °C en été
5 °C en hiver

ITINÉRAIRES

RIVIERA GRAVEL ÈZE & TURBIE COMBINED

↔ 42,3 km ↗ 1130 m

○ Itinéraire gravel

Nice et ses alentours sont bien connus pour ses routes magnifiques et ses cols mythiques. Dos à la mer, on aperçoit des montagnes et, au loin, le début des Alpes. Nul doute, l'arrière-pays regorge de joyaux pour les cyclistes sur la route ou hors des sentiers battus !

Cet itinéraire vous conduira au charmant village de La Turbie. Au départ du *Café du Cycliste*, en longeant le port Lympia, on commence par grimper. On sort petit à petit de la ville en direction du col d'Èze, parfois passage incontournable du Tour de France. Arrivé à La Turbie, n'oubliez pas de vous ravitailler en eau avant de repartir, vous trouverez une fontaine au centre du village.

Puis empruntez le chemin de la Simboula, qui contraste avec le péage de l'autoroute A8 que vous longerez avant d'attaquer des portions à 8 %.

Autre pépite de cette trace : une ancienne route militaire qui traverse la roche. La Méditerranée qui s'étend à perte de vue se trouve sur la droite. Il faudra revenir sur ses pas pour monter au fort de la Revère. Le retour se fait par la Corniche. Là, plus besoin de pédaler, ça descend jusqu'à la plage de la Réserve, encore méconnue des touristes, pour une baignade bien méritée.

BRAUS-TURINI

↔ 113 km ↗ 2890 m

○ Itinéraire route

Préparez-vous à grimper deux monuments de la région : le superbe col de Braus et l'imposant col de Turin. De nombreux lacets vous attendent sur ces deux ascensions. Une fois arrivé au sommet du col de Braus à 1002 mètres, admirez la vue et amorcez la descente sur Sospel. Pensez à remplir vos bidons avant d'attaquer les difficiles 24 kilomètres du col de Turini. Au sommet, se trouvent de nombreux cafés pour reprendre des forces avant de redescendre vers Nice.

COLLINES NIÇOISES

↔ 124 km ↗ 2260 m

○ Itinéraire route

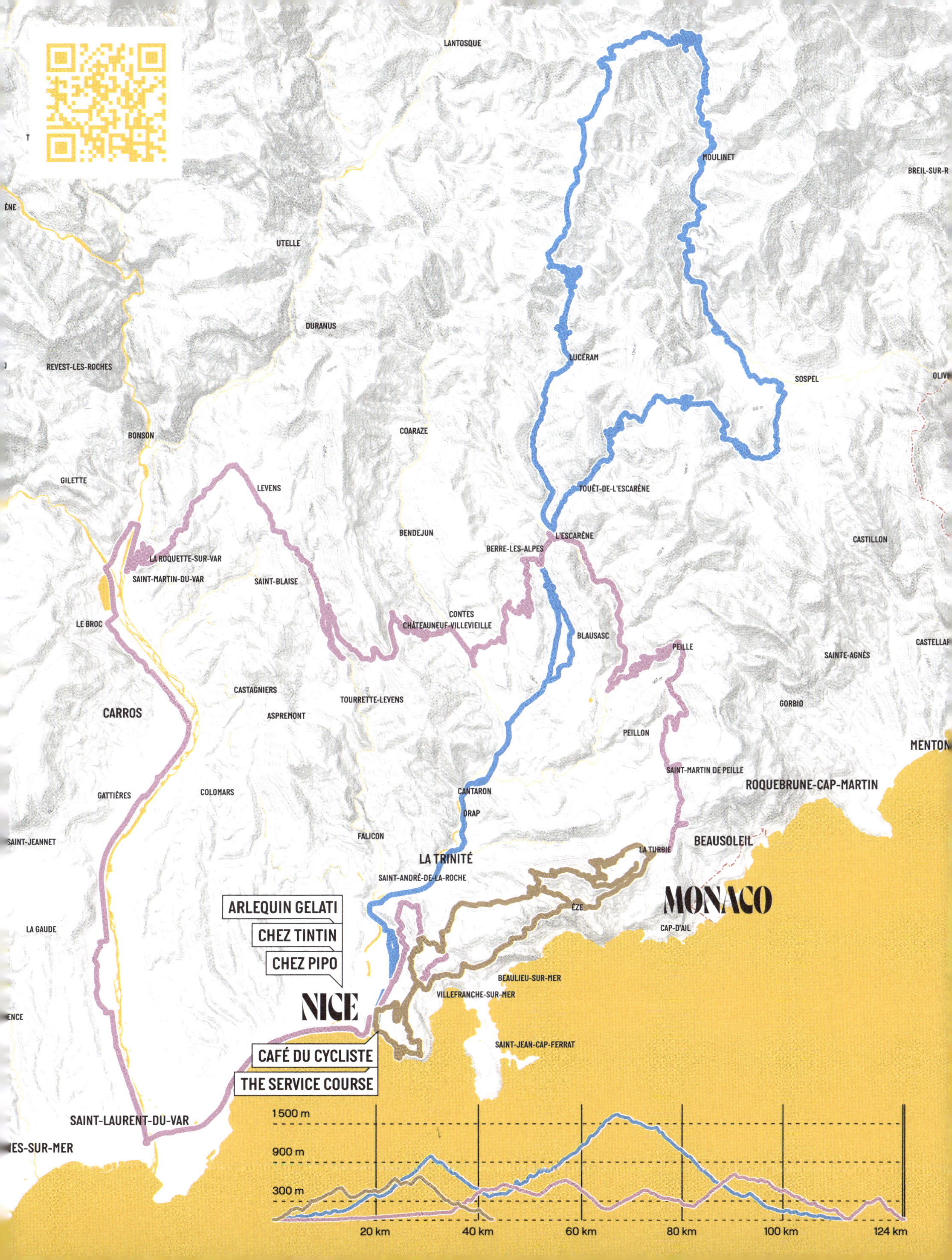

LANTOSQUE
MOULINET
BREIL-SUR-R
UTELLE
DURANUS
REVEST-LES-ROCHES
LUCÉRAM
SOSPEL
OLIV
COARAZE
BONSON
GILETTE
LEVENS
TOUËT-DE-L'ESCARÈNE
BENDEJUN
L'ESCARÈNE
BERRE-LES-ALPES
CASTILLON
LA ROQUETTE-SUR-VAR
SAINT-MARTIN-DU-VAR
SAINT-BLAISE
CONTES
CHÂTEAUNEUF-VILLEVIEILLE
LE BROC
BLAUSASC
PEILLE
CASTELLAR
SAINTE-AGNÈS
CASTAGNIERS
TOURRETTE-LEVENS
CARROS
ASPREMONT
GORBIO
PEILLON
MENTON
SAINT-MARTIN DE PEILLE
ROQUEBRUNE-CAP-MARTIN
GATTIÈRES
COLOMARS
CANTARON
DRAP
SAINT-JEANNET
FALICON
BEAUSOLEIL
LA TURBIE
LA TRINITÉ
SAINT-ANDRÉ-DE-LA-ROCHE
ARLEQUIN GELATI
MONACO
ÈZE
CHEZ TINTIN
CAP-D'AIL
LA GAUDE
CHEZ PIPO
BEAULIEU-SUR-MER
VILLEFRANCHE-SUR-MER
NICE
SAINT-JEAN-CAP-FERRAT
CAFÉ DU CYCLISTE
THE SERVICE COURSE
SAINT-LAURENT-DU-VAR
1 500 m
900 m
300 m
20 km
40 km
60 km
80 km
100 km
124 km

GENT
TAIA
of cycling. Bataia is a place where camaraderie is key, impact is made and
is our gateway to freedom. We know it's not always smooth paved tarmac.
to get to the finish line. It's about the constant struggle. One against others,
in your cycling journey, we've got you covered.
We're

BATAIA

GAND, FLANDRE–BELGIQUE

Située dans la région flamande de la Belgique, Gand est une ville à taille humaine et chargée d'histoire. Elle fascine, car elle a su marier son patrimoine historique avec une architecture moderne. La mobilité douce est omniprésente. Tout est organisé pour les cyclistes. Gand vaut le détour et mérite que l'on y passe du temps pour découvrir ses cafés, ses ruelles et ses canaux. Certains aiment y séjourner lors de la célèbre classique flandrienne Omloop Het Nieuwsblad.

153
We're only here for the party.
GOBI
BATAIA

cervélo

COFFEE
WE SERVE DAIRY OR PLANT-BASED MILK
ESPRESSO 2.50
DOPPIO 3.00
ESPRESSO MACCHIATO 3.00
DOPPIO MACCHIATO 3.50
AMERICANO SINGLE SHOT 2.60
DOUBLE SHOT 3.10
CAPPUCCINO 3.50
CORTADO 3.00
FLAT WHITE 3.80
LATTE 4.00
DRINKS
FRITZ KOLA 3.20
FRITZ LIMO 3.30
FRITZ SPRITZ BIO 3.50
FERM KOMBUCHA 4.00
HOMEMADE LEMONADE / ICE TEA 4.00
CÉCÉMEL 2.50
SPARKLING WATER 2.50
RECOVERY MILKSHAKE 7.00
ISOTONIC REFILL 2.00
FILTER COFFEE 4.00
HOUSEBLEND / SPECIALTY
CAFÉ BOMBÓN 3.20
CAFÉ LECHE Y LECHE 3.50
ICED COFFEE 3.30
LATTE 4.00
+ SIRUP 0.30
ESPRESSO TONIC 4.80
HOT DRINKS
TEA 4.00
HOT CHOCOLATE 4.00
CHAI LATTE 4.00
BEER
VEDETT PILSNER 3.30
DUVEL 3.80
THRIVE PERFORMANCE BEER 4.00

SERVICE COURSE !

Brusselsesteenweg 101
9050 Gent

SCHELDE PELOTON

L'Escaut se dit « *Schelde* » en néerlandais. Il a donné son nom au peloton semi-professionnel Schelde Peloton. Lors de ses entraînements, ce groupe de cyclistes se concentre sur la performance. Il n'est pas rare d'y croiser des pros. La moyenne de leur *fast pack* peut avoisiner les 42 km/h durant leurs sorties. Il faut être en forme pour assurer le tempo.

Bataia est un lieu créé par des passionnés pour les passionnés de cyclisme. J.-P. (Jean-Pascal) et Lieven, tous deux fondateurs, se sont rencontrés lors d'entraînements le long du fleuve L'Escaut avec le Schelde Peloton. Ils ont choisi de s'implanter à quelques pas du centre, sur un axe qui permet de s'échapper de la ville en quelques coups de pédales. *Bataia* est en retrait de la rue, au fond d'une cour. En s'approchant, les six lettres de l'enseigne écrites sur la baie vitrée sautent aux yeux. Côté café, des cyclistes assis autour de la grande table centrale regardent une course à la télévision et soutiennent un local de l'étape, Tiesj Benoot (Jumbo-Visma), lui-même un habitué du café.

Pour l'extraction du café, le choix s'est tourné sur une Rocket Espresso chromée, fiable tasse après tasse, une mécanique italienne bien huilée. Au menu, en plus des classiques cafés *latte*, *flat white* ou expresso, l'option électrolyte est disponible afin de rouler ensuite les bidons bien remplis.

Ce qui distingue particulièrement *Bataia*, c'est son atelier de mécanique. Il offre des prestations haut de gamme d'entretien et de réparation de vélos, dignes des plus grands services courses du circuit professionnel. Avant d'ouvrir le *shop*, Lieven était d'ailleurs mécanicien pour de grandes équipes cyclistes professionnelles de l'UCI World Tour. Il a apporté au projet sa passion pour le cyclisme, mais surtout l'expertise et le niveau d'excellence requis en mécanique pour gagner un sprint ou une course.

La boutique propose une sélection d'articles et de produits soigneusement choisis auprès de marques techniques haut de gamme. Le *showroom* est orienté performance avec des marques parmi les plus prestigieuses du peloton professionnel. Ça fait rêver !

Bataia développe également un club, la Bataia Brigade, ouvert à toutes et à tous. « Un club fun, mais sérieux », qui a pour but d'accompagner ses membres vers de meilleures performances sur le vélo.

Que ce soit à travers l'atelier, le *shop* ou le café, *Bataia* a pour raison d'être la vie en communauté et pas seulement celle des cyclistes, mais tout le tissu local du quartier. Dernièrement, il a été à l'initiative durable d'une collecte de vêtements cyclistes usagers. L'appel a été entendu jusqu'au sein du peloton professionnel. Il a permis de sauver 175 kg de vêtements en bon état pour le marché de la seconde main.

Si le nom *Bataia* vous semble familier, c'est parce que c'est celui d'une ascension de Majorque (longue de 7,9 kilomètres avec une pente moyenne de 5 %) qui vaut la peine d'être grimpée ou descendue avant d'attaquer la mythique Sa Calobra.

GAUTHIER

PELOTON DE PARIS

MALINES, FLANDRE–BELGIQUE

À équidistance parfaite entre Bruxelles et Anvers, Malines est une petite ville charmante située en plein cœur de la Flandre, au nord de la Belgique. Traversée par la Dyle, et dotée d'un excellent réseau cyclable, on s'échappe aisément de la ville le long des canaux, en direction des réserves naturelles ponctuées d'étangs et de petits ponts de bois, ou par les chemins de terre impeccablement entretenus à travers les forêts avoisinantes.

DE PARIS
COLNAGO

ROELANDTS
206
168

L'ACTEUR LOCAL

Bruul 106
2800 Mechelen

En 2013, au terme de nombreux voyages à travers le monde, Wendy Janssens et Vince Van Parys ont eu envie de créer un lieu qui permettrait à des personnes issues de différents pays et différentes cultures de pouvoir se rencontrer. Leur passion commune pour le vélo les pousse à acquérir un local à l'abandon, qu'ils rénovent entièrement en atelier de réparation de vélos et café pour les clients. Ainsi naît l'un des tout premiers cafés vélos de Belgique : *Peloton de Paris*.

#JOINTHEJOURNEY

Cela dit, détrompez-vous : Peloton de Paris est bien une marque 100 % belge ! Lorsqu'un ancien coureur professionnel ouvre ou reprend un magasin de vélos, il est de tradition en Belgique, qu'il accole son nom de famille au nom de la boutique. C'est donc tout naturellement que Van Parys a donné « de Paris ». D'autant que la référence explicite au Tour de France était plus que tentante pour les deux fondateurs.

À l'époque, la culture du café vélo n'est pas encore à la mode. Pour se faire connaître et permettre aux cyclistes de la région de se rencontrer, Wendy organise alors régulièrement des événements, notamment en itinérance et en *bikepacking*. Elle crée le club « Peloton de Paris » et, très vite, de nombreux cyclistes (parfois voisins de rue sans le savoir !) commencent à tisser des liens.

C'est en réfléchissant au design du club que Wendy a l'idée de concevoir une gamme de vêtements cyclistes spécifiques au café. Le succès est immédiat et, depuis, la collection ne cesse de s'étoffer et de se perfectionner, pour répondre aux exigences de sa communauté. Également soucieuse d'encourager les cyclistes féminines à monter en selle, elle n'hésite pas à innover dans la recherche de cuissards spécialement dédiés aux femmes.

En 2022, le café change de lieu et se déplace à quelques encablures de là, dans la rue commerçante de Bruul ; c'est une grande devanture noire, encadrant de larges baies vitrées, qui accueille cyclistes et habitants du quartier. Un vaste parking à vélos situé à l'entrée permet d'accrocher son vélo au mur sous l'inscription en lettres blanches « *Welcome to Peloton de Paris* ».

À l'intérieur, de longues tringles, sur lesquelles sont suspendus les vêtements de la marque, courent le long des murs jusqu'au patio situé au fond de la boutique. Au centre se dresse le comptoir du café avec ses tabourets et sa Faema Enova deux groupes flanquée de dossards dédicacés, tandis que sont répartis autour de l'espace TV tables basses, fauteuils et canapés moelleux. Ceux-ci ont toujours beaucoup de succès lors des retransmissions des cyclocross locaux. Quant aux plus sportifs d'entre vous, une petite douche pourra même être mise à disposition, pour vous rafraîchir après une longue sortie.

À DÉCOUVRIR ÉGALEMENT

BIDON COFFEE & BICYCLE

Situé à deux pas du port de plaisance de Portus Ganda, ce café accueille, entre autres, les amateurs de cyclisme pour un café ou une collation.

Bisdomkaai 25
9000 Gent

BAVET

Son concept est simple : des plats de spaghetti savoureux préparés avec des ingrédients frais et de qualité dans une ambiance décontractée. Les incontournables à la bolognaise remplissent l'estomac des cyclistes gantois qui y sont les bienvenus.

Hooiaard 7, 9000 Gent

WAY SPECIALTY COFFEE BAKE HOUSE

Way torréfie son propre café de spécialité et propose des pâtisseries et viennoiseries végétaliennes délicieuses. Cette pâtisserie artisanale prête une attention particulière à la qualité des produits qu'elle utilise dans ses recettes. C'est l'endroit idéal à Gand pour satisfaire votre gourmandise et boire un bon *flat white*.

Jakobijnenstraat 7, 9000 Gent

BAVET
BAVET
BAVET
ZIPP

LA FLANDRE

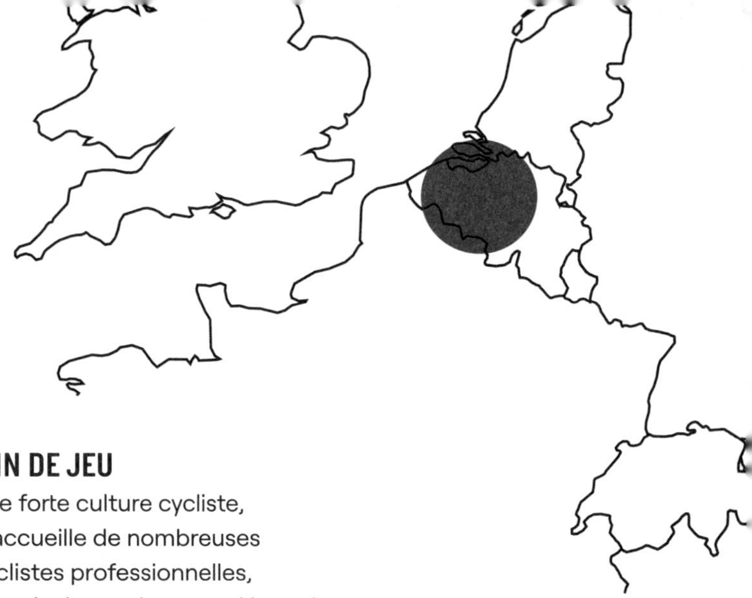

LA CULTURE CYCLISTE

Pédaler ici nécessite un bon équipement. Influencée par l'océan Atlantique, la météo peut être vite imprévisible. Il est donc recommandé d'avoir toujours une veste de pluie et une petite doudoune, pour pallier les intempéries. D'un climat tempéré et maritime, les hivers sont plutôt froids (frôlant parfois les températures négatives), et les étés tempérés. Si les précipitations peuvent tomber tout au long de l'année, il n'est pas rare d'avoir de très belles journées ensoleillées pour sillonner les routes flamandes.

LE CLIMAT

À la différence de la Wallonie, la Flandre est réputée pour ses vastes plaines de plain-pied, avec très peu (voire aucun) dénivelé, ce qui facilite l'accès à la pratique du vélo pour les plus néophytes. La région est particulièrement bien dotée en termes d'infrastructures cyclables, et les villes se parcourent aisément grâce à un réseau de pistes cyclables très développé.

Au départ de Malines, les petits chemins champêtres aménagés le long des canaux de la Dyle, puis de la Senne, vous conduiront tout droit jusqu'à Bruxelles, située à seulement 24 kilomètres au sud de Malines. *A contrario*, en direction du nord, c'est une longue piste cyclable de 24 kilomètres qui vous mènera jusqu'à Anvers et les côtes flamandes.

Les réserves naturelles tout autour de Malines, et notamment la réserve de Mispeldonk, offriront aux amateurs de petites routes tranquilles un cadre bucolique et verdoyant, ponctué d'étangs et de grandes prairies.

LE TERRAIN DE JEU

Dotée d'une forte culture cycliste, la Flandre accueille de nombreuses courses cyclistes professionnelles, inscrites depuis de nombreuses décennies au calendrier de l'UCI.

La plus célèbre d'entre elles est bien entendu le Tour des Flandres, aussi connu sous son nom « De Ronde », qui depuis plus de 100 ans fait la réputation de la région. Considérée comme l'une des classiques cyclistes les plus prestigieuses au monde, elle fait partie des 5 Monuments du cyclisme mondial (avec le Milan-San Remo, Paris-Roubaix, Liège-Bastogne-Liège et le Tour de Lombardie). Des monts des Ardennes flamandes aux sections pavées, cette course d'un jour varie entre 260 et 270 kilomètres, et se déroule au mois d'avril.

Autre course cycliste d'un jour particulièrement appréciée des sprinters : la Gand-Wevelgem. Traditionnellement organisée fin mars, elle a souvent lieu le dernier dimanche avant le Tour des Flandres.

Également considérée comme le bastion du cyclocross, la Belgique en organise régulièrement l'épreuve de Coupe du monde. Ces dernières années, plusieurs villes flamandes telles que Ostende, Zolder ou Coxyde ont ainsi accueilli la compétition dans la région.

Routes, petites routes de campagne, pistes

Route, gravel, cyclocross

Casse-pattes

Modérée

10 h. en été
3 h. en hiver

19 °C en été
4 °C en hiver

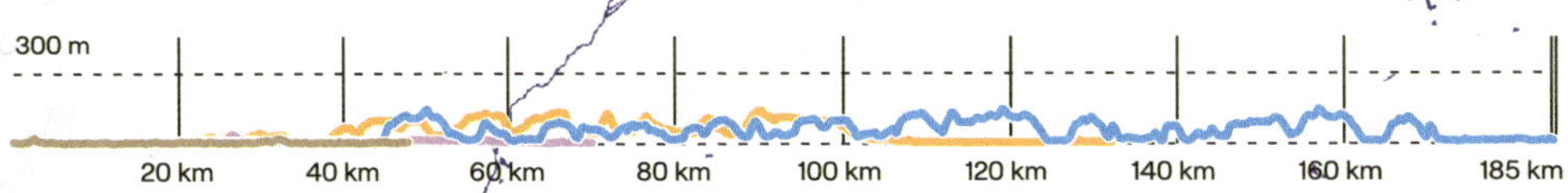

ITINÉRAIRES

PAUSE BOULANGERIE

↔ 132 km ↗ 960 m

○ Itinéraire route

Cet itinéraire est un classique de la région. Prévoyez un arrêt à la boulangerie X. Wilkin, dans le petit village d'Ellezelles, après 80 kilomètres, est un stop obligatoire pour tous les cyclistes. Il se termine le long de L'Escaut. Avec le vent dans le dos, vous pourrez essayer de prendre des KOM sur des portions empruntées par les pelotons les plus connus de la région.

DE BATAIA À BATAIA

↔ 185 km ↗ 1870 m

○ Itinéraire route

Le Tour des Flandres, avec un départ depuis *Bataia* à Gand et une arrivée à *Bataia* Oudenaarde. Le départ suit L'Escaut pour entrer dans le vif du sujet après environ 25 kilomètres. À partir de là, le parcours officiel est suivi jusqu'à l'arrivée, avant de finir chez *Bataia* à Oudenaarde, leur seconde adresse.

STRADE BATAIA !!

↔ 47,5 km ↗ 140 m

○ Itinéraire gravel

Préparez-vous à manger de la poussière sur les plus belles routes blanches de Gand.

RAVITO SPAGHETTI

↔ 70 km ↗ 170 m

○ Itinéraire route

Cet itinéraire vous emmène à la campagne sur des petites routes tranquilles autour de Malines.
Avant de retourner en ville, arrêtez-vous chez *Brughuis* dans le quartier de Muizen pour une boisson fraîche et un plat de spaghetti bolognaise en terrasse.

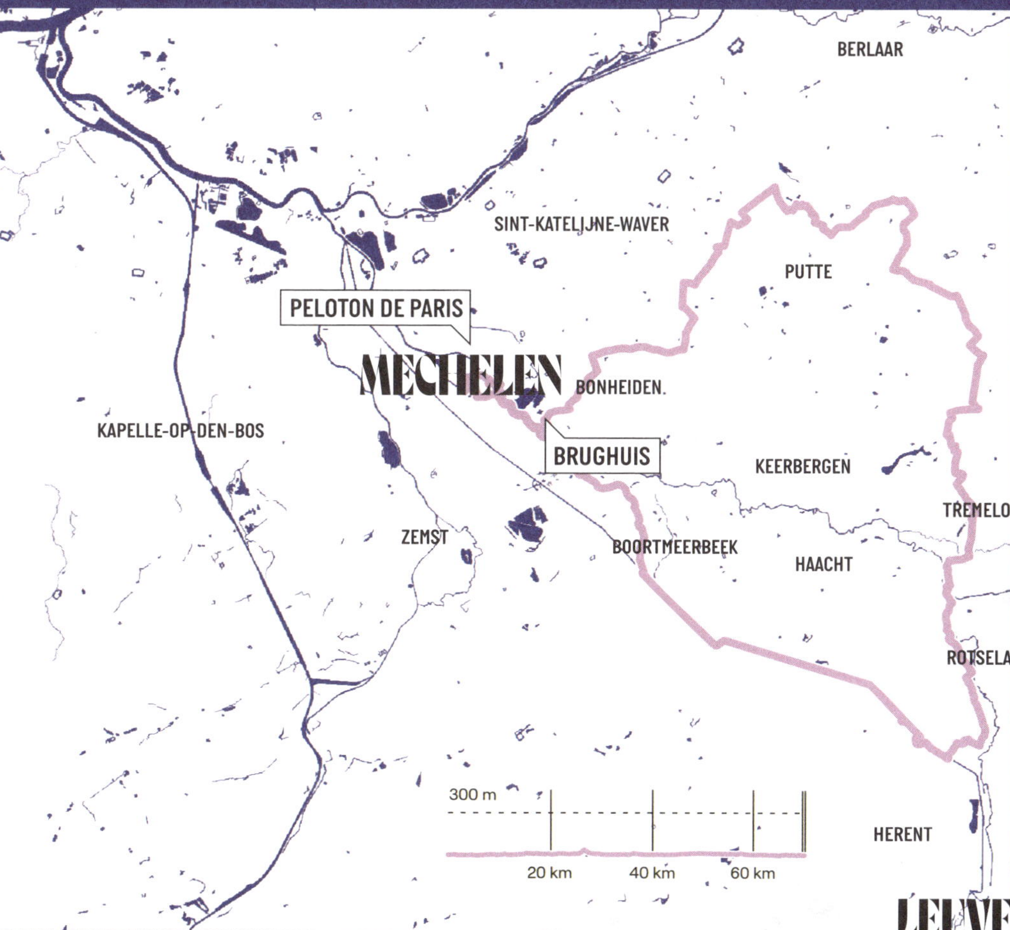

%

MUR

HUY, WALLONIE–BELGIQUE

Huy est une petite ville francophone de la province de Liège en Belgique, située au pied de l'une des montées les plus connues du cyclisme : le célèbre mur de Huy et ses pourcentages à couper le souffle. Chaque année, des pelotons professionnels et amateurs viennent s'y confronter. Huy et le cyclisme sont en parfaite symbiose. La ville est animée par le cyclisme et le cyclisme, international quant à lui, ne saurait se passer d'une des ascensions les plus raides d'Europe.

CYCLING

53
ONZE
ONZE

AU PIED DU MUR

7, place Saint-Séverin, 4500 Huy

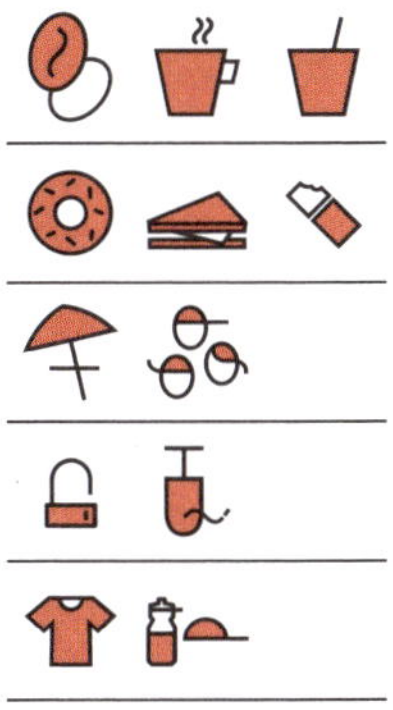

Bernard et Edward, les deux fondateurs, ont imaginé leur concept avec une vision précise : rassembler les passionnés de cyclisme, les locaux et les amoureux de bon café.
Cette idée est née après une sortie à vélo. D'un côté, le cyclisme hutois avait besoin d'un lieu de rendez-vous. De l'autre, le café de spécialité n'était pas encore développé en Wallonie. Il fallait y remédier ! Pari réussi en 2017 avec l'ouverture de *Mur Coffee & Cycling* dans le centre de Huy. Avec leur établissement, Bernard et Edward ont souhaité aborder d'une nouvelle manière le vélo en Belgique, terre de clubs et de compétitions cyclistes, selon un aspect davantage social et accueillant, en développant l'arrêt au café avant ou après une sortie. La devise belge « L'union fait la force » prend alors tout son sens.

« AS-TU DÉJÀ GRIMPÉ LE MUR ? »

En arrivant à Huy, on aperçoit la terrasse bondée, les vélos alignés sur le rack et un énorme logo sur la baie vitrée avec les mots « *Cycling Coffee* » : vous y êtes ! *Mur Coffee & Cycling* est un lieu authentique et convivial. Aucun doute possible, il s'agit bien d'un café vélo : des affiches de courses et des maillots de champions couvrent les murs. Sur l'un d'eux, d'ailleurs, on admire la photo du coureur Alejandro Valverde, légende locale pour avoir remporté cinq fois la Flèche wallonne ici, à Huy, venu personnellement la dédicacer. Et une télévision retransmet les courses du moment. Le café est un passage obligé pour tous les cyclistes qui roulent dans le coin. À chaque visite, la même rengaine accompagne l'accueil chaleureux : « As-tu déjà grimpé le mur ? »

À l'intérieur, derrière le comptoir, trône une merveilleuse Rocket Espresso, prête à faire couler le café fraîchement torréfié par Or Coffee, torréfacteur de café de spécialité belge. Une petite gaufre accompagne chaque breuvage. Pour la récupération, le thé glacé maison est parfait. Des bières belges sont au frais.

Bernard gère la restauration. Local de l'étape, il a toujours une anecdote à raconter sur la ville ou la région. Il propose, entre autres, des bagels gourmands à base d'ingrédients frais, préparés à la commande. Au menu, par exemple, le *Van der Poulet* ou encore l'*Evenepoel'd Pork*, un clin d'œil au cyclisme professionnel.

Pour terminer le tour du propriétaire, une partie boutique à l'étage propose des vêtements et des équipements pour cyclistes.

LE CÉLÈBRE MUR DE HUY

Mur Coffee & Cycling est unique dans la région. Au même titre que le fameux mur de Huy, véritable juge de paix de la Flèche wallonne. Cette ascension d'1,3 kilomètre est mondialement connue pour ses pentes les plus ardues d'Europe avec un dénivelé moyen de 9,8 %. Le virage Claudy-Criquielion atteint les incroyables 20 % d'inclinaison. De quoi avoir les cuisses qui brûlent, et ce, à trois reprises pendant la course.

L'arrivée éprouvante de cette classique ardennaise se trouve au sommet du mur de Huy depuis 1985.

Au quotidien, ce sont des cyclistes de tous niveaux qui viennent grimper cette côte mythique, la fierté hutoise, avant d'aller boire un café chez *Mur Coffee & Cycling* pour parler de son chrono et de ses sensations. Huy est donc une destination incontournable pour tous les braquets.

MUR
cannondale
ZIPP

LA WALLONIE

Petites routes de campagne, chemins de halage

Route, gravel, cyclocross

Montagnes russes

Modérée

9 h. en été
3 h. en hiver

18 °C en été
3 °C en hiver

LE CLIMAT

Pour faire du vélo en Wallonie, il est important de s'adapter aux conditions climatiques changeantes et de planifier en conséquence. Adapter sa tenue et prévoir les bonnes couches est essentiel. La pluie n'est pas rare au printemps ou en automne. Avoir une bonne veste de pluie est plus que nécessaire en Belgique. Beaucoup de cyclistes fixent des garde-boue pour rouler en peloton, ils évitent ainsi d'éclabousser les cyclistes derrière eux.
L'hiver est froid. Les températures sont proches ou en dessous de zéro. La prudence sur la route est de mise. Les surchaussures indispensables. En été, la météo est plus clémente, même s'il fait plus frais en début et fin de journée, et le cycliste belge apprécie une bière bien fraîche à la fin de son *ride*.

LE TERRAIN DE JEU

Huy est à mi-chemin entre Liège et Namur. Ses environs présentent plusieurs facettes et offrent des terrains de jeu très différents. Au départ de *Mur Coffee & Cycling*, vous pourrez suivre la vallée de la Meuse. Du plat, avec des chemins de halage souvent exposés au vent. Au sud, le Condroz, un plateau au relief ondulé, de véritables montagnes russes qui vous emmènent à travers des forêts de hêtres et de bouleaux. Plus à l'est commencent les Ardennes belges avec leurs paysages verdoyants. Ce ne sera pas de tout repos non plus. La Wallonie est exigeante. Il faut sans cesse adapter son pédalage au dénivelé pour en garder sous la pédale.

LA CULTURE CYCLISTE

La Wallonie se passionne pour le cyclisme. Les Belges de cette partie du pays adorent la compétition, que ce soit sur route ou en cyclocross. Le vélo est dans leur ADN. Elle a même son propre Tour en cinq étapes.
L'histoire de Huy est liée au cyclisme depuis très longtemps. La première épreuve vélocipédique s'y est déroulée le 15 août 1869. La ville a construit quelques années plus tard, en 1919, un vélodrome pour y accueillir les Championnats nationaux belges.

Aujourd'hui, le cyclisme sur route en Wallonie ouvre la saison du calendrier UCI avec deux courses désormais mythiques : la Flèche wallone et Liège-Bastogne-Liège, appelée aussi la « doyenne » des classiques ardennaises. Le Tour de France a lui aussi très souvent traversé la commune. Huy a également été ville étape de départ ou d'arrivée de la Grande Boucle.

Côté cyclocross, la ville voisine, Namur, connue pour sa citadelle, organise chaque année depuis 2009 une épreuve de la Coupe du monde. Elle a par ailleurs accueilli en 2022 le Championnat d'Europe.

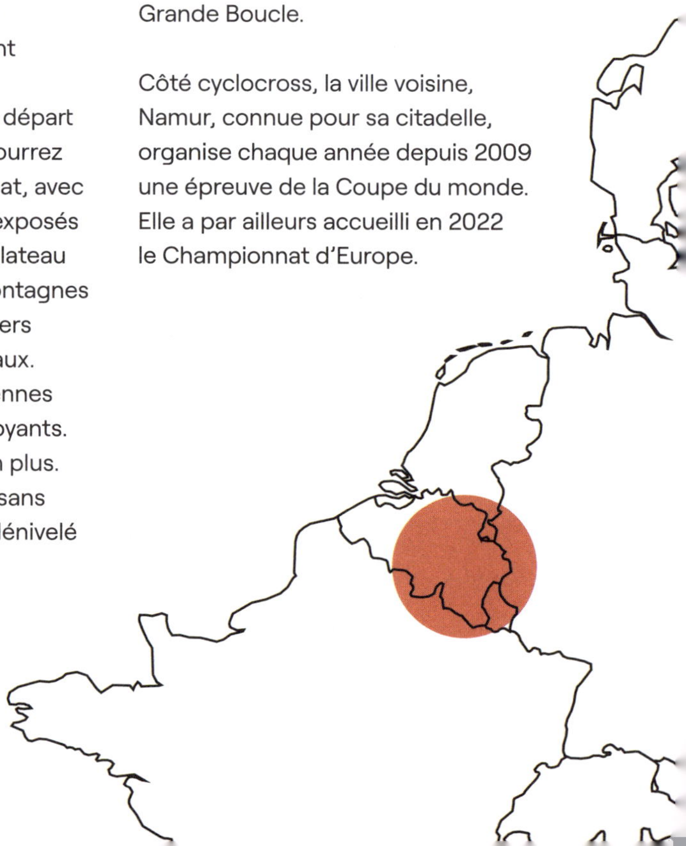

HASSELT
DIEPENBEEK
ALKEN
BILZEN
LANAKEN
VALKENBURG
MAASTRICHT
HOESELT
ZOUTLEEUW
CAFÉ COUREUR
SINT-TRUIDEN
BORGLOON
RIEMST
TONGEREN
EIJSDEN
LANDEN
VISÉ
OUPEYE
WAREMME
HANNUT
ANS
HERSTAL
BLEGNY
LIÈGE
HERVE
GRÂCE-HOLLOGNE
JEMEPPE-SUR-MEUSE
BEYNE-HEUSAY
ANGLEUR
SOUMAGNE
DISON
FLÉMALLE
OUGRÉE
CHAUDFONTAINE
VERVIERS
AMAY
WANZE
ESNEUX
THEUX
HUY
MUR
SPRIMONT
ANDENNE
SPA
AYWAILLE
LE COFFEE RIDE
FERRIÈRES
DURBUY
CINEY
MARCHE-EN-FAMENNE

ITINÉRAIRES

LE MUR

↔ 1,26 km ↗ 100 m

○ Itinéraire route

N'y allez pas par quatre chemins, voilà 1,3 kilomètre de grimpe pure. Prenez le temps d'admirer les chapelles le long de la route ou jouez-la meilleur grimpeur en tentant le chrono. À vous de voir si vous avez les jambes !

ACROSS THE CONDROZ

↔ 96,3 km ↗ 960 m

○ Itinéraire route

Partez à la découverte du Condroz, paysage aux ondulations faites de crêtes et de vallées.

HUY-COO-HUY

↔ 141 km ↗ 2 120 m

○ Itinéraire route

Direction les Ardennes belges ! Cette route traverse une région fantastique qui a vu naître de nombreuses légendes du cyclisme. À Coo, *Le Coffee Ride* est le parfait endroit pour une pause-café.

CAFÉ COUREUR

↔ 95,6 km ↗ 660 m

○ Itinéraire route

Cette trace vous emmène au *Café Coureur*, un café cycliste situé dans la province du Limbourg en Flandre. La route passe par Hesbaye, une région au profil peu exigeant, mais un conseil : méfiez-vous quand même du vent.

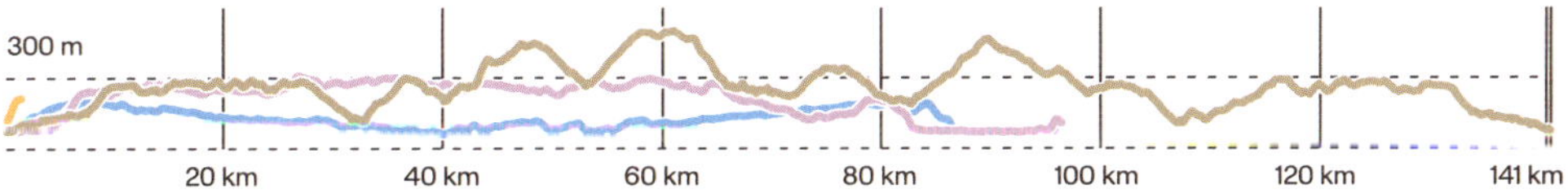

AMSTERDAM

RAPHA CLUBHOUSE

AMSTERDAM—PAYS-BAS

Amsterdam est une ville dotée d'une architecture unique, elle se démarque par son vaste réseau de canaux et ses façades colorées et étroites. Elle est aussi la référence mondiale en matière de mobilité à vélo. Plus de 60 % des déplacements quotidiens se font par ce moyen. C'est d'ailleurs la meilleure manière de sillonner la ville et de découvrir toutes ses richesses culturelles, de son marché aux fleurs flottant aux musées incontournables.

GITANE
domo

Rapha
KAMP
SEEDORF

Rapha.

L'AMOUR DU CYCLISME

Wolvenstraat, 10
1016 EP, Amsterdam

Le *Rapha Clubhouse* d'Amsterdam est niché depuis mars 2015 au cœur du quartier des Negen Straatjes, « 9 ruelles », au milieu des canaux. Ce quartier commerçant regorge de petites boutiques, de restaurants et de galeries d'art. L'espace occupe trois niveaux d'une vieille bâtisse d'Amsterdam, autrefois une laiterie. La façade du club-house est légèrement penchée, caractéristique des immeubles se situant dans ces ruelles. Un store noir sur toute sa largeur arbore le logo de la marque.

Rapha est une enseigne anglaise de vêtements et d'accessoires pour cyclistes, hommes et femmes. Elle a pensé ses cafés comme des lieux de rencontre pour cyclistes et fans de cyclisme, mêlant un espace de vente et un café de spécialité. Celui d'Amsterdam est le 8e des 21 cafés de la marque à travers le monde. Pour Rapha, faire du vélo est l'un des plaisirs simples de la vie, synonyme de liberté d'aller où vous voulez, quand vous voulez.

Le café est au premier étage. On y entre avec son vélo, il y a de la place à l'intérieur pour le garer. Après quelques marches, un espace chaleureux se révèle. On y boit un café de qualité torréfié localement, le plus souvent chez Fiedhats Coffee Roaster, une micro-brûlerie de la ville qui s'approvisionne et qui torréfie le meilleur et le plus intéressant des cafés.

Les tasses estampillées Rapha sont retournées sur la machine La Marzocco pour rester au chaud. Avec ou sans lait, à vous de choisir ! Le café est à moitié prix pour les membres du Rapha Cycling Club (RCC).

L'immense écran diffuse des courses en direct, et une sélection pointue de magazines est disponible. Il n'y a pas de doute, café et cyclisme font bon ménage ici ! Petites pépites du lieu : le vélo du Néerlandais Servais Knaven et le maillot qu'il portait lors de sa victoire de la célèbre classique Paris-Roubaix en 2001, édition qui s'est déroulée dans des conditions météorologiques épouvantables. Le vélo n'a pas été lavé depuis... le maillot non plus !

Rapha Clubhouse Amsterdam est un véritable acteur de la vie locale. Ouvert tous les jours de la semaine, il propose à sa communauté un calendrier complet d'événements (conférences, rencontres et ateliers). L'antenne amstellodamoise du RCC y a son siège. Elle organise de nombreuses sorties chaque semaine, sportives comme le Super Social Fast Ride ou plus sociales comme l'Easy Like Sunday Mornings. Le but étant d'inciter le maximum de personnes – locaux et touristes – à venir rouler le plus souvent possible.

BIEHLER
Rapha.
CAFÉ DU CYCLISTE

BROUWERIJ POESIAT & KATER

Une bonne bière après un effort n'est jamais de refus. Ce bar de la brasserie du même nom vous accueille dans un espace industriel et vous propose des bières brassées localement, de la *stout* du XVIIIe siècle à l'IPA plus moderne.

Polderweg 648, 1093 KP Amsterdam

VLAAMS FRITESHUIS VLEMINCKX

Un autre classique : les frites maison ! Ce petit kiosque propose depuis 1957 les meilleures frites flamandes. En ce qui concerne le choix de la sauce, parmi les 25 disponibles, Dave recommande la sauce Oorlog Mix, une sauce satay et mayonnaise. Les frites sont servies dans un cornet en papier, à déguster immédiatement.

Voetboogstraat 33, 1012 XK Amsterdam

COFFEECOMPANY TREUB

Ce café est le point de rendez-vous idéal avant un *ride* ou un point de chute parfait au retour. Si vous sortez ou entrez dans la ville par le sud, vous passerez forcément par ici. Vous pouvez apercevoir à travers les baies vitrées la Strada de La Marzocco ainsi qu'une large sélection de pâtisseries. Les fauteuils sont confortables, il y a même une terrasse pour les beaux jours.

Meester Treublaan 18, 1097 DP Amsterdam

WINCKEL 43

Envie d'un classique néerlandais ? La tarte aux pommes maison accompagnée de sa crème fouettée est un incontournable ! La meilleure est servie chez *Winckel 43*, une institution depuis 1983. Imaginez une pâte délicieuse surmontée d'une garniture aux pommes généreuse, un soupçon de cannelle... La collation rêvée !

Noordermarkt 43, 1015 NA Amsterdam

coffeecompany
word barista
bij de cc
de leukste
(bij)baan
van de stad!

AMSTERDAM

LE CLIMAT

Amsterdam connaît un climat relativement humide et pluvieux. Les précipitations sont nombreuses. Pourtant, la météo capricieuse ne freine pas la pratique du vélo en hiver. Le printemps est la meilleure période pour découvrir la Venise du Nord. Le Festival des tulipes en marque le début. Les immenses champs de tulipes et autres fleurs annoncent l'arrivée des beaux jours. Le gilet sans manches remplace petit à petit les vestes à manches longues. Il faudra également composer avec le vent et espérer l'avoir dans le dos, surtout le long de la côte. Bien choisir sa tenue avant de partir est primordial.

LE TERRAIN DE JEU

La capitale néerlandaise est entourée de champs et de forêts. Quelques tours de pédales suffisent pour se retrouver dans un décor aux allures de tableau impressionniste avec des fermes, des vaches, des canaux et des moulins si vous prenez la direction du sud. Au nord, en direction de la mer, des villages de pêcheurs se succèdent à travers les *polders*.

Les alentours d'Amsterdam sont plats. La pratique sportive du vélo y est alors singulière : il faut pédaler en continu, toujours en prise et sans ascension, les seules montées étant des ponts à franchir. La principale difficulté d'une sortie à vélo est bien la météo. Les températures, les précipitations, la visibilité et surtout le vent sont des éléments à prendre en compte avant d'enfourcher votre monture.

LA CULTURE CYCLISTE

Le cyclisme est un symbole national de la culture néerlandaise. Au fil du temps, le vélo a pris une place prépondérante. La ville compte désormais plus de vélos que d'habitants. Les Néerlandais ne se considèrent d'ailleurs pas cyclistes, le vélo est pour eux un moyen de transport. Il constitue aujourd'hui le meilleur moyen de se déplacer et de visiter la ville. Les touristes se prêtent au jeu et s'imprègnent de ce mode de vie singulier à travers plus de 500 kilomètres de pistes cyclables.
Le pictogramme du cycliste est omniprésent, tout comme les vélos qui sont garés partout dans la ville devant les immeubles, les commerces, le long des canaux, etc. Des immenses parkings à vélos occupent l'espace public et peinent à contenir le nombre de vélos quotidiens. Le plus grand de ces parkings n'est plus le Fietsflat à côté de la gare, sur trois étages, mais un plus récent situé à Prins Hendrikkade, qui peut accueillir 7 000 vélos.

Le week-end, le long du fleuve Amstel et autour du *polder* de la Rondehoep, plusieurs milliers de cyclistes se croisent. Cette boucle d'environ 45 kilomètres est le terrain d'entraînement préféré des Amstellodamois. Les pelotons de sportifs y côtoient les cyclistes en promenade.

Routes de campagne, pistes cyclables

Urbain, route

Inexistant

Faible

10 h. en été
3 h. en hiver

18 °C en été
4 °C en hiver

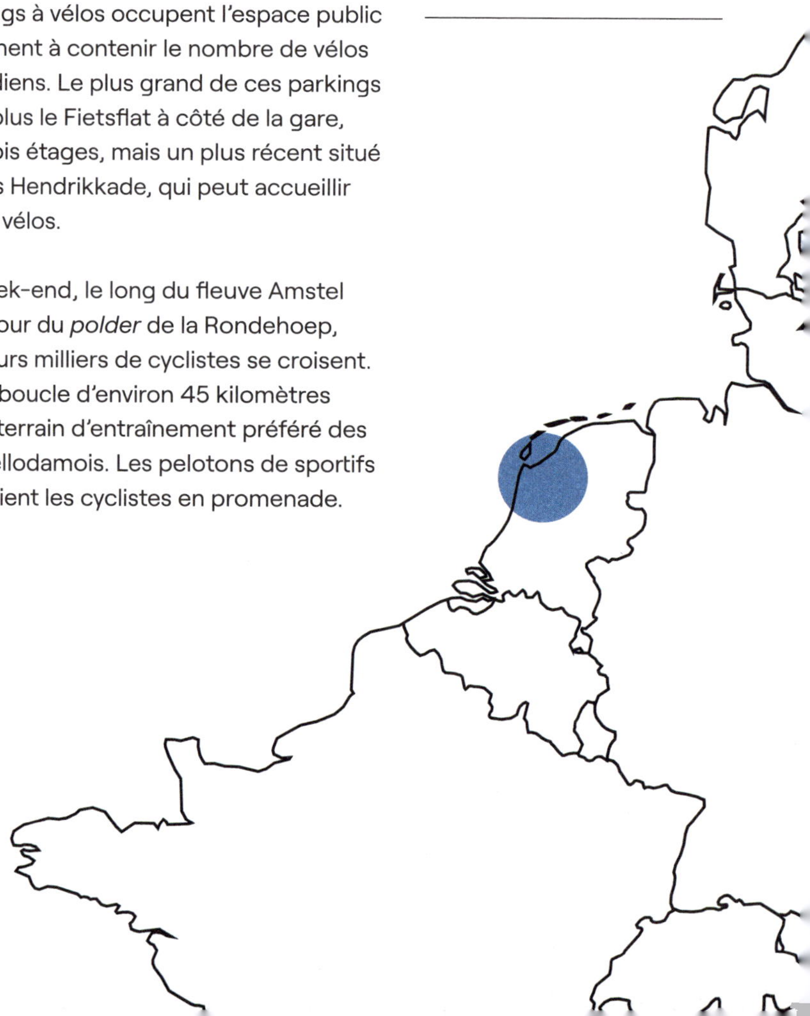

BON À SAVOIR

LE COL HOLLANDAIS

Rouler avec le vent de face est appelé un « col hollandais ». Un cycliste néerlandais aguerri prévoit toujours d'avoir le vent de dos pour rentrer chez lui.

ITINÉRAIRES

DAVE'S HOMEGROUNDS

↔ 108 km ↗ 160 m

○ Itinéraire route

Parcourez le sud d'Amsterdam en suivant les routes d'enfance de Dave. Vous longerez la rivière Meije et profiterez de sa beauté. De nombreux cafés vous accueilleront sur cet itinéraire pour une pause bien méritée.

SANNE'S FAVOURITE MORNING LOOP

↔ 54,6 km ↗ 70 m

○ Itinéraire route

Partez à travers les *polders* jusqu'à Marken, un village de pêcheurs pittoresque au nord de la ville. Dépaysement garanti ! En 15 minutes et un ferry, vous serez déjà loin.

VINCENT'S CITY TOUR

↔ 22,4 km ↗ 50 m

○ Itinéraire urbaine

23 kilomètres de vélo urbain pour suivre la trace des lieux fréquentés par Vincent Van Gogh lors de ses études à Amsterdam. Arrivé en mai 1877, il était alors loin d'imaginer l'immense artiste qu'il allait devenir.

RAPHA FESTIVE 500

↔ 99,3 km ↗ 270 m

○ Itinéraire gravel

Cet itinéraire vous emmènera à la découverte de forêts et de sentiers néerlandais. La pratique du gravel existe aux portes d'Amsterdam, cette mappe exigeante en est la preuve.

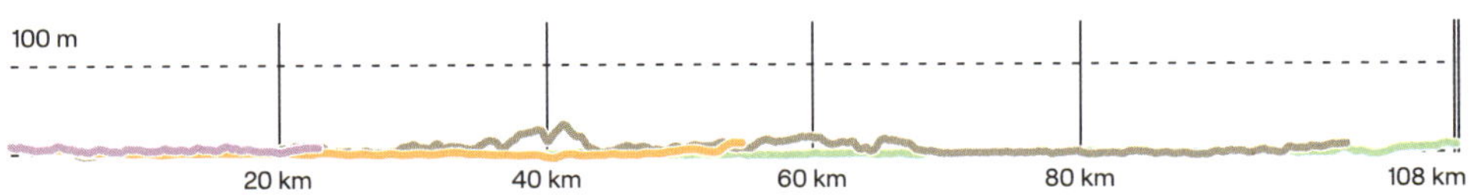

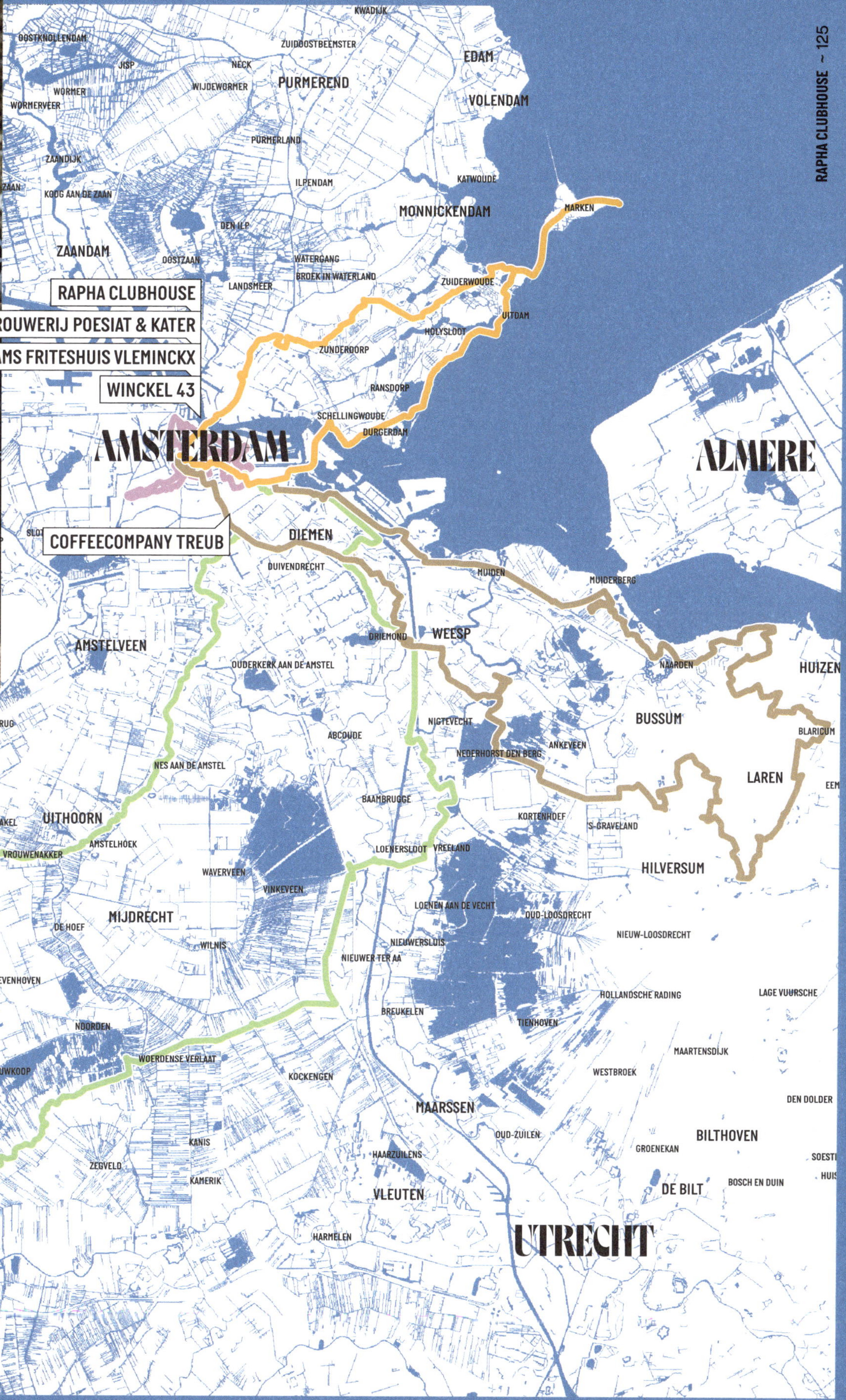
RAPHA CLUBHOUSE
BROUWERIJ POESIAT & KATER
VLAAMS FRITESHUIS VLEMINCKX
WINCKEL 43
COFFEECOMPANY TREUB
AMSTERDAM
ALMERE
UTRECHT
KWADIJK
OOSTKNOLLENDAM
ZUIDOOSTBEEMSTER
EDAM
JISP
NECK
PURMEREND
WORMER
WIJDEWORMER
VOLENDAM
WORMERVEER
PURMERLAND
ZAANDIJK
KATWOUDE
ILPENDAM
KOOG AAN DE ZAAN
MONNICKENDAM
MARKEN
DEN ILP
ZAANDAM
OOSTZAAN
WATERGANG
BROEK IN WATERLAND
LANDSMEER
ZUIDERWOUDE
UITDAM
HOLYSLOOT
ZUNDEROORP
RANSDORP
SCHELLINGWOUDE
DURGERDAM
DIEMEN
DUIVENDRECHT
MUIDEN
MUIDERBERG
WEESP
DRIEMOND
AMSTELVEEN
NAARDEN
HUIZEN
OUDERKERK AAN DE AMSTEL
BUSSUM
NIGTEVECHT
BLARICUM
AALSMEERDERBRUG
ABCOUDE
AALSMEER
ANKEVEEN
NEDERHORST DEN BERG
RIJSENHOUT
NES AAN DE AMSTEL
LAREN
BAAMBRUGGE
BURGERVEEN
DE KWAKEL
UITHOORN
KORTENHOEF
KUDELSTAART
'S-GRAVELAND
AMSTELHOEK
LOENERSLOOT
VREELAND
VROUWENAKKER
LEIMUIDEN
HILVERSUM
WAVERVEEN
VINKEVEEN
DE WETERING
LOENEN AAN DE VECHT
MIJDRECHT
OUD-LOOSDRECHT
DE HOEF
RIJNSATERWOUDE
NIEUWVEEN
NIEUW-LOOSDRECHT
LANGERAAR
WILNIS
NIEUWERSLUIS
NIEUWER TER AA
ZEVENHOVEN
HOLLANDSCHE RADING
LAGE VUURSCHE
BREUKELEN
TER AAR
NOORDEN
TIENHOVEN
WOERDENSE VERLAAT
MAARTENSDIJK
NIEUWKOOP
WESTBROEK
KOCKENGEN
AARLANDERVEEN
DEN DOLDER
MAARSSEN
OUD-ZUILEN
BILTHOVEN
KANIS
GROENEKAN
HAARZUILENS
ZEGVELD
KAMERIK
BOSCH EN DUIN
DE BILT
ZWAMMERDAM
VLEUTEN
HARMELEN

MAASTRICHT

FIXED GEAR COFFEE

FAUQUEMONT–PAYS-BAS

Fauquemont (Valkenburg en néerlandais) est une ville de moins de 20 000 habitants, située au sud des Pays-Bas, dans la région touristique du Limbourg du Sud. Entouré de collines verdoyantes, ce coin de nature à moins de 15 kilomètres de Maastricht possède un patrimoine cycliste unique et mondialement connu. Les chapelles et les maisons à colombages peintes en blanc offrent un paysage pittoresque à cheval sur trois pays.

FIXED GEAR COFFEE
Cycling × Coffee
COFFEE
BAR♥BIKE
Single Origen
Specialty
COFFEE
HOME MADE Vegan

LE CŒUR DE L'EUROPE

Daalhemerweg 4
6301 BK Valkenburg

Chez *Fixed Gear Coffee*, le cyclisme est une vraie passion. Brian Megens, le fondateur, est un ancien cycliste professionnel sur route chez Piels en 2011, puis chez Rabobank en 2012. Après avoir couru des critériums en pignon fixe pendant des années, il continue l'entraînement. Il s'est désormais orienté vers le cyclisme sur piste et rêve même de Jeux olympiques !

L'idée de départ était de réunir le meilleur du café de spécialité et le cyclisme dans un lieu historique. *Fixed Gear Coffee* a ouvert ses portes en 2018 au pied du Cauberg, la côte est la plus connue des Pays-Bas. Il s'agit d'une des difficultés majeures de la célèbre classique Amstel Gold Race, souvent gravie plusieurs fois lors de la course. Sa dernière ascension a été pendant de nombreuses éditions le moment décisif de la compétition, celui où tout pouvait se jouer pour les coureurs. Depuis quelques années, l'arrivée a été éloignée de cette difficulté afin de déverrouiller la course.

Pour ce qui est des grains, le café collabore régulièrement avec des torréfacteurs de renom comme White Label, basé à Amsterdam, ou encore Sey Coffee de New York. Le choix des meilleurs torréfacteurs est primordial.
Le café est extrait avec une machine de haute précision à levier Kees Van der Westen Mirage trois groupes. L'eau est poussée à travers le café de 12 bars à 0, avec une stabilité de température méticuleuse, créant ainsi un profil de dégustation unique et encore plus savoureux.

Les pâtisseries sont du jour et faites maison pour le plus grand plaisir de la clientèle constituée principalement de sportifs. L'offre se veut accessible à toutes et à tous. Hormis le *cheesecake*, les pâtisseries sont végétaliennes. *Fixed Gear Coffee* a collaboré avec la cycliste professionnelle Leah Kirchmann (de l'équipe Sunweb) pour développer une recette de *banana bread*, la collation idéale après une sortie ou un entraînement. Rien n'est laissé au hasard, telle une stratégie de course.

Fixed Gear Coffee est un véritable camp de base pour cyclistes. Au centre, le comptoir et la machine à expresso dominent tout l'espace. Autour, on peut admirer la collection personnelle de Brian, composée de ses anciens vélos, mais aussi d'autres vélos mythiques ayant appartenu à d'anciens coureurs professionnels. Un régal pour les yeux !

On peut également s'équiper. La boutique propose une large sélection de vêtements techniques et d'accessoires dédiés à la pratique du cyclisme.
Le plus : il est possible de rentrer avec son vélo, un espace pour le garer est prévu à l'entrée.

MAASTRICHT, LA SECONDE ADRESSE

En 2020, l'enseigne a ouvert un second café en plein cœur de Maastricht, à deux pas du point de départ de l'Amstel Gold Race, dans l'une des rues principales de la ville. La clientèle y est plus hétéroclite : les étudiants et les cyclistes se relaient au comptoir devant la machine à café. L'espace est beaucoup plus grand, mais le concept reste le même : un café de spécialité dans un univers dédié au cyclisme et aux cyclistes.

À vélo, seulement 11,6 kilomètres séparent les deux établissements. *Fixed Gear Coffee - Maastricht* est rapidement entré dans le classement des dix meilleurs cafés des Pays-Bas. Une ascension fulgurante dans une ville vivante ayant une passion pour le café de spécialité.

Grote Gracht 42, 6211 SX Maastricht

WITH LOVE BURRITO

Ici, le choix est simple, mais quelle recette allez-vous choisir ? Généreux, délicieux, les burritos « aussi bons qu'au Mexique » viendront à bout de votre fringale. Les ingrédients sont de qualité, la viande biologique est locale. Le service est rapide. Il y a même une terrasse pour accueillir tout le peloton.

Markt 4, 6211 CH Maastricht

'T BAKHUIS

Le lieu idéal pour un ravito gourmand côté belge de la frontière. Une glace, une crêpe ou encore une gaufre... Vous pouvez même y passer la nuit.

Ulvend 5, 3790 Sint-Martens-Voeren

42
cannondale
POC
IRIS
Rapha.
SEY
wahoo
COFFEE
COME ON IN!
SPECIALTY COFFEE
Vegan CAKES
CYCLING APPAREL

FAUQUEMONT

Routes de campagne, ville et forêts

Route, gravel

Casse-pattes

Modérée

10 h. en été
3 h. en hiver

19 °C en été
3 °C en hiver

LE CLIMAT

La région du Limbourg du Sud est sujette aux vents et aux intempéries. Toutefois, elle est la plus ensoleillée des Pays-Bas. Le soleil y est chaud et agréable en été. Le climat y est donc plus favorable aux activités sportives qu'au nord du pays.

LE TERRAIN DE JEU

Située aux contreforts des Ardennes et des Hautes Fagnes, la région contraste avec le relief plat du reste du pays.
De nombreuses collines raviront les puncheurs et garantissent à chaque sortie une séance d'entraînement intense.
Vous sillonnerez la campagne à travers des petites routes vallonnées, sur les traces de Jan Raas, le légendaire cycliste néerlandais qui a gagné cinq fois l'Amstel.
La plus longue ascension du pays est celle de Camerig. À quelques tours de pédales du Cauberg, elle vous étonnera avec ses 4,2 kilomètres et sa pente moyenne de 4,7 %.
Si l'envie vous prend de grimper le point culminant du pays, continuez de pédaler jusqu'au Vaalserberg avec ses 322 mètres.
Vous l'aurez compris, ce coin de cet autre plat pays ne l'est pas !

LA CULTURE CYCLISTE

Fauquemont et cyclisme vont de pair. Chaque année, en avril, la ville vibre au passage des coureurs de l'Amstel Gold Race, la course cycliste néerlandaise la plus importante, organisée depuis 1966. Il s'agit de l'une des courses les plus prestigieuses d'un jour au calendrier UCI World Tour, la seule se déroulant aux Pays-Bas.
La foule massée sur les côtés du Cauberg transforme cette ascension en l'une des plus excitantes et des plus mémorables du cyclisme.
La ville a également accueilli à plusieurs reprises le Championnat du monde sur route (1938, 1948, 1979, 1998 et 2012).
En 2018, c'est le Championnat du monde de cyclocross qui a eu lieu sur la colline du Cauberg.

HOTEL RESTAURAN
DE LA FRONTIERE
GULPENER
De La Frontière

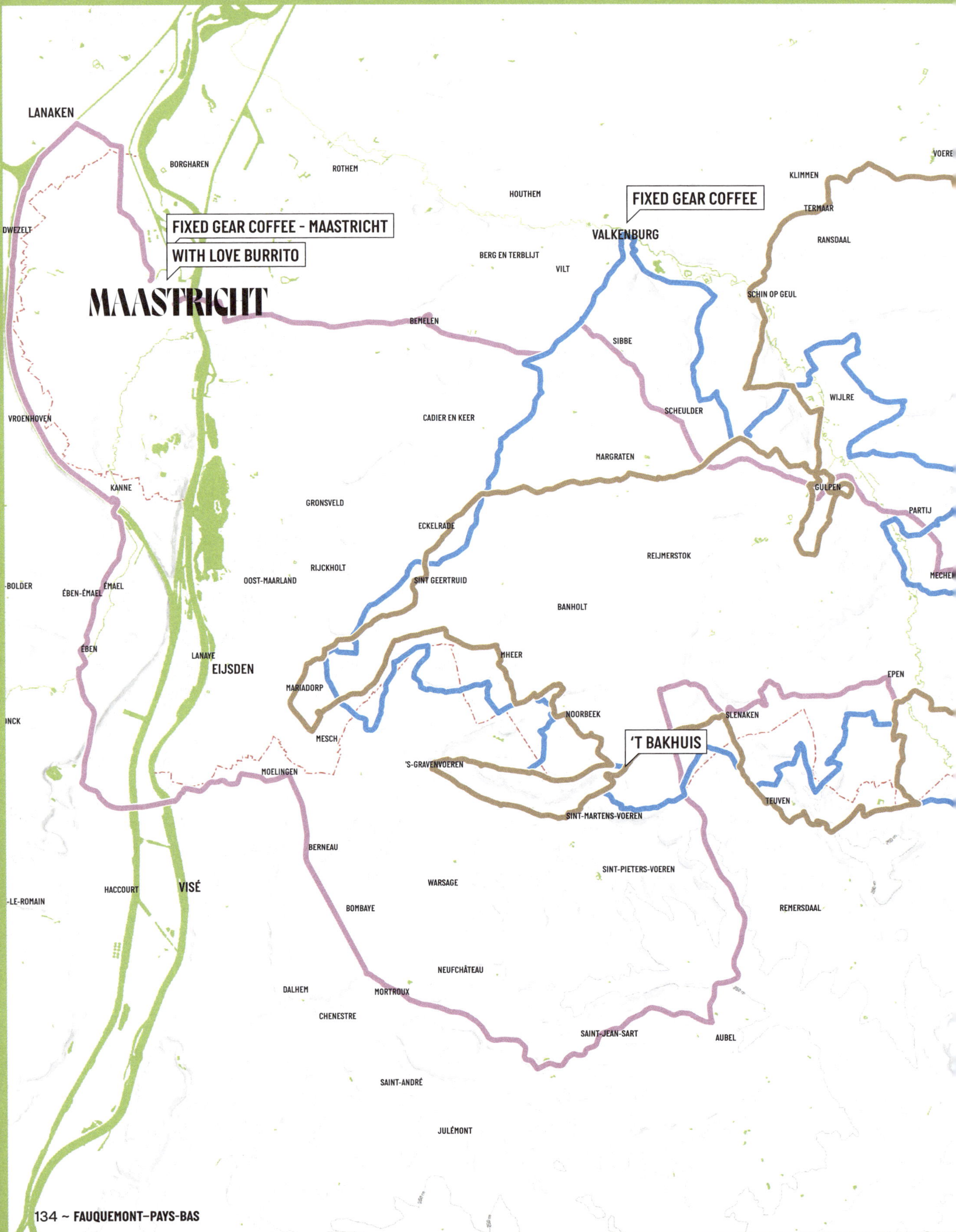
LANAKEN
BORGHAREN
ROTHEM
HOUTHEM
KLIMMEN
VOERE
FIXED GEAR COFFEE
TERMAAR
RANSDAAL
DWEZELT
FIXED GEAR COFFEE - MAASTRICHT
WITH LOVE BURRITO
VALKENBURG
BERG EN TERBLIJT
VILT
SCHIN OP GEUL
MAASTRICHT
BEMELEN
SIBBE
WIJLRE
VROENHOVEN
CADIER EN KEER
SCHEULDER
MARGRATEN
GULPEN
KANNE
GRONSVELD
PARTIJ
ECKELRADE
REIJMERSTOK
RIJCKHOLT
-BOLDER
ÉBEN-ÉMAEL
ÉMAEL
OOST-MAARLAND
SINT GEERTRUID
MECHE
BANHOLT
ÉBEN
LANAYE
EIJSDEN
MHEER
EPEN
MARIADORP
NOORBEEK
SLENAKEN
INCK
MESCH
'T BAKHUIS
'S-GRAVENVOEREN
MOELINGEN
TEUVEN
SINT-MARTENS-VOEREN
BERNEAU
SINT-PIETERS-VOEREN
WARSAGE
HACCOURT
VISÉ
-LE-ROMAIN
BOMBAYE
REMERSDAAL
NEUFCHÂTEAU
DALHEM
MORTROUX
CHENESTRE
SAINT-JEAN-SART
AUBEL
SAINT-ANDRÉ
JULÉMONT

ITINÉRAIRES

D'UN CAFÉ À L'AUTRE

↔ 96,7 km ↗ 940 m

○ Itinéraire route

Roulez du café de Cauberg à celui de Maastricht. Cet itinéraire vous conduira de l'autre côté de la frontière, en Belgique, pour ensuite aller chercher la plus longue ascension du pays. Bonus, vous pourrez peut-être croiser Tom Dumoulin, car vous passerez près de chez lui.

PAUSE GLACE OBLIGATOIRE

↔ 81,9 km ↗ 1200 m

○ Itinéraire gravel

Au départ du café, après un bon *latte*, partez à la découverte des alentours par les chemins. Ravito obligatoire au kilomètre 28 avec, au choix, une glace ou une pâtisserie maison.

VIVE L'EUROPE !

↔ 99,8 km ↗ 1250 m

○ Itinéraire route

Au programme de cette trace exigeante, 100 kilomètres à travers trois pays. Vous alternez entre les Pays-Bas, l'Allemagne et la Belgique. Gardez-en sous la pédale pour le kilomètre 94 et sa pente qui frôle les 10 %.

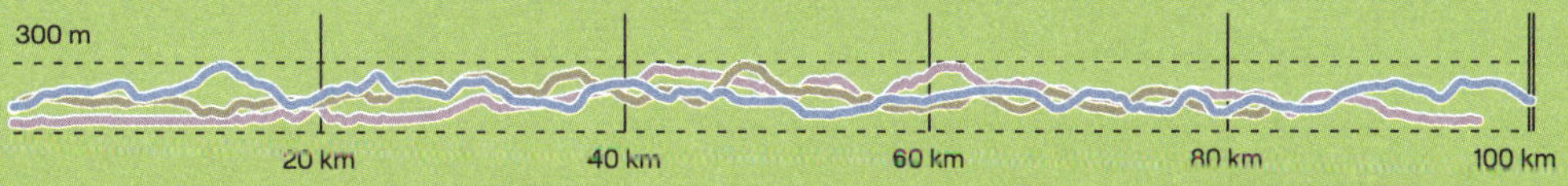

COMO

SARTORIA CICLISTICA

CÔME, LOMBARDIE–ITALIE

Située en Lombardie, dans le nord de l'Italie, la ville de Côme est un petit écrin de fraîcheur pour les cyclistes du monde entier. Nichée à l'extrémité sud-ouest du lac de Côme, l'un des plus grands d'Italie, elle est entourée de collines verdoyantes et de sommets montagneux spectaculaires. Les rives sont bordées de luxueuses villas et de charmants villages qui offrent une vue imprenable sur les eaux cristallines d'un bleu profond.

LCL
JINGA
ISRAEL
PREMIER TECH
BAHRAIN
MERIDA

LE TAILLEUR CYCLISTE !

Via Borgo Vico, 54
22100 Como CO

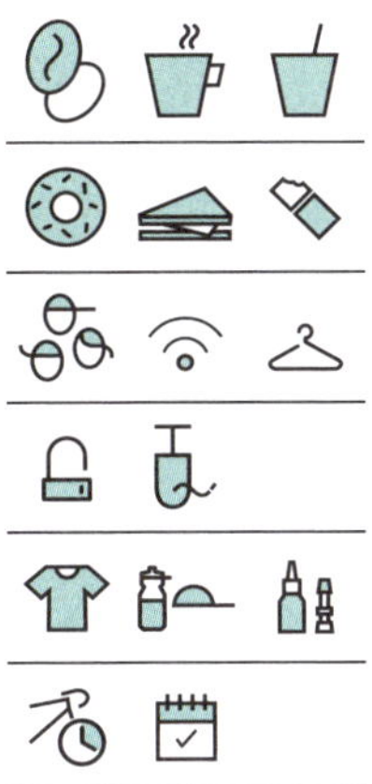

Inspiré entre autres par les *Rapha Clubhouses* qu'il a découverts lors de ses voyages, Alessandro Tino a créé en 2017, au premier étage de la boutique *Mitchumm,* rue Francesco Muralto à Côme, un *corner* café vélo. Il proposait à une clientèle d'habitués du café de spécialité et quelques maillots de sa création.
Face au succès grandissant des vêtements de la marque Sartoria Ciclistica et le nombre toujours plus important de cyclistes qui s'y arrêtent, le café vélo a déménagé en 2022 dans un nouvel espace au pied de la célèbre montée de San Fermo della Battaglia.
Dans cette petite rue commerçante située à l'écart de la ville, c'est d'abord la camionnette Fiat 900 E de 1981 qu'Alex a transformée, avec le soutien de La Marzocco, en un véritable *Coffee Van* que l'on repère immédiatement. Celle-ci permet à Alex et à son équipe de servir d'authentiques préparations de café lors des événements cyclistes grâce à La Marzocco Linea Mini Home combinée à un moulin à café La Marzocco Vulcano installées dans le coffre.

#WERIDEFORCOFFEE

À côté de la large porte vitrée en arcade, une pancarte souhaite la bienvenue aux cyclistes, « *Welcome home cyclists!* » C'est Annalise, la femme d'Alex, qui est en charge de l'accueil.
Sur le sol, un long tapis reprend à l'identique l'une des légendaires citations d'Ercole Baldini inscrites sur le bitume du mur de Sormano.

Si une partie de l'espace est consacrée à la marque de vêtements cyclistes Sartoria Ciclistica et à la vente d'accessoires, un large canapé, où il est agréable de se lover au retour de sortie, délimite la partie principale réservée au café. Une banquette à même la baie vitrée permet de profiter d'un rayon de soleil, alors qu'un buffet familial rempli de tasses à café à l'effigie de la marque et de figurines du Tour de France en plomb donne une ambiance chaleureuse au lieu. Une longue enfilade de cadres expose une collection de maillots dédicacés de grands coureurs italiens comme Vincenzo Nibali et Bruno Vicino.

Les vélos sont bien entendu les bienvenus à l'intérieur. D'ailleurs, lorsqu'ils ne sont pas soigneusement accrochés au mur du vestiaire au fond de la boutique, nommé avec humour *Strada allagata* (« route inondée »), on les retrouve généralement posés contre le grand pilier au centre de l'espace.

L'expresso, qui fait la fierté de la maison, est extrait d'une La Marzoco Mini à l'effigie de *Sartoria Ciclistica*. Composé d'un *blend* équilibré de 90 % d'arabica et 10 % de robusta, il a été étudié spécialement pour apporter aux cyclistes une dose progressive et régulière de caféine.

Enfin, les petits déjeuners et les déjeuners rapides sont faits avec du pain et du saucisson, comme pour les cyclistes d'antan.

VICTOIRE

MUSEO DEL CICLISMO MADONNA DEL GHISALLO

Situé face au santuaire de la Madonna del Ghisallo, ce musée rassemble une collection exceptionnelle d'artefacts, de vélos historiques, de maillots de cyclisme et de souvenirs liés à ce sport mythique. Fondé en 2006, le musée rend hommage à la célèbre montée de la Madonna del Ghisallo, un lieu vénéré par les cyclistes du monde entier.

Via Gino Bartali, 4, 22030 Magreglio CO

HOTEL IL PERLO PANORAMA

L'hôtel est situé à quelques kilomètres du musée du cyclisme de la Madonna del Ghisallo, ce qui est idéal pour les cyclistes. Il propose une variété de services adaptés aux cyclistes, tels qu'un parking sécurisé pour vélos, une salle de réparation de vélos et des conseils sur les meilleures routes à vélo de la région.

Via Valassina, 180, 22021 Bellagio CO

À DÉCOUVRIR ÉGALEMENT

EROICA CAFFÈ MILANO

Impossible de ne pas mentionner la présence à Milan de ce lieu emblématique de la culture du vélo vintage. Inspiré de la célèbre course cycliste L'Eroica qui se déroule historiquement en Toscane depuis 1997, il est lui-même décoré de photos de cet événement, de vélos de course d'époque et d'autres affiches vintage.

Viale Tunisia, 15, 20124 Milano MI

Spluga
STOP

IL SORRISO

CÔME

LE CLIMAT

Qu'il neige, qu'il vente, qu'il pleuve ou qu'il fasse grand soleil, mieux vaut avoir une garde-robe adaptée à toutes les saisons quand on vient rouler à Côme ! En effet, en raison de sa localisation au pied des montagnes et en bord de lac, la région bénéficie d'un climat variable et inconstant. Pour en profiter pleinement, il est préférable de venir y rouler entre mars et octobre. Les printemps, ainsi que les étés, y sont souvent doux et agréables. En fin de saison, n'oubliez pas la veste de pluie, car même si les précipitations sont réparties tout le long de l'année, ce sont généralement les mois de septembre à novembre qui sont les plus pluvieux. Les hivers quant à eux sont froids et humides. Il peut neiger autant dans les montagnes qu'en ville.

LE TERRAIN DE JEU

Que l'on reste le long des berges du lac ou que l'on se lance dans l'ascension des cols de Ghisallo, de San Bernardo, du mur de Sormano ou de l'un des nombreux autres cols escarpés rendus célèbres sur les tours d'Italie et de Lombardie, les routes et chemins offrent invariablement ici un panorama à couper le souffle sur le lac et ses montagnes environnantes.
C'est simple, comme le rappelle Alex : « Ici, rien n'est plat, à l'exception du tour de lac. » Et encore ! Même ce dernier ne fait pas vraiment exception à la règle, car il compte tout de même 1 500 mètres de dénivelé positif pour 160 kilomètres (*cf.* Itinéraires).
Entre chemins de crête et sentiers forestiers, les gravels et les VTT ne sont pas en reste non plus. Preuve de l'engouement pour le *all-road* dans la région, Alex organise avec *Satoria Ciclistica* une sortie gravel tous les mois qui remporte un succès toujours plus important.

LA CULTURE CYCLISTE

Depuis 1905, la région est le théâtre de l'une des courses d'un jour les plus anciennes et les plus prestigieuses de l'histoire. Surnommée la « Classique des feuilles mortes », elle a lieu à la fin de la saison cycliste, généralement en octobre (d'où le nom). C'est le dernier des 5 Monuments du cyclisme que sont le Milan-San Remo, le Tour des Flandres, Paris-Roubaix et Liège-Bastogne-Liège. Elle s'achève chaque année à Côme avec la mythique et exigeante montée du Civiglio située à quelques centaines de mètres seulement du café *Sartoria Ciclistica.*
En franchissant les derniers mètres du col du Ghisallo qui culmine à 754 mètres d'altitude, célèbre en particulier pour avoir été à de très nombreuses reprises l'une des étapes décisives des Tours d'Italie et de Lombardie, on découvre, dominant la partie orientale du lac, la célèbre chapelle de La Madonna del Ghisallo. Lieu de culte et de pèlerinage pour les cyclistes du monde entier, elle n'est pas bien grande, mais abrite de nombreuses reliques déposées ici par les cyclistes les plus célèbres. Sorte de mini-musée consacré à l'histoire de ce sport, y sont exposés des maillots, des vélos et des trophées de champions comme Fausto Coppi, Gino Bartali ou Eddy Merckx. Le sanctuaire est un point de passage obligé pour les amateurs de vélo qui veulent rendre hommage à la madone, proclamée par Pie XII sainte patronne universelle des cyclistes en 1949, et à l'histoire du cyclisme.
Face à elle, de l'autre côté de l'esplanade, est installé un vrai musée cette fois, inauguré en 2006 à l'occasion du Tour de Lombardie.

Petites routes de montagne, bords de lac, chemins de terre, pistes

Route, gravel, VTT

Longues ascensions bien raides

Élevée

12 h. en été
6 h. en hiver

22 °C en été
2 °C en hiver

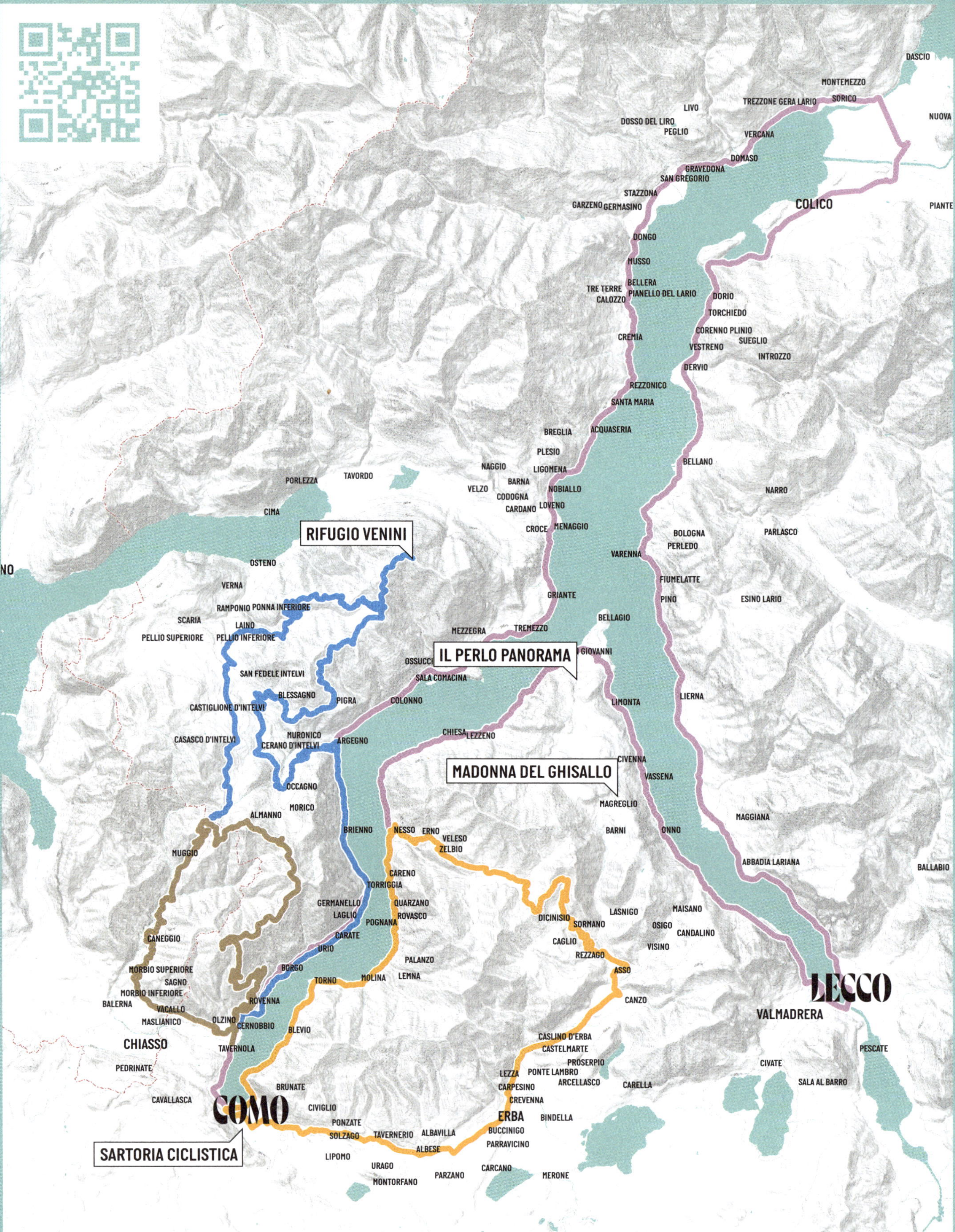
RIFUGIO VENINI
IL PERLO PANORAMA
MADONNA DEL GHISALLO
SARTORIA CICLISTICA
COMO
LECCO
COLICO
CHIASSO
ERBA
DASCIO
MONTEMEZZO
SORICO
TREZZONE GERA LARIO
NUOVA
LIVO
DOSSO DEL LIRO
PEGLIO
VERCANA
DOMASO
GRAVEDONA
SAN GREGORIO
STAZZONA
GARZENO
GERMASINO
PIANTE
DONGO
MUSSO
BELLERA
PIANELLO DEL LARIO
TRE TERRE
CALOZZO
DORIO
TORCHIEDO
CORENNO PLINIO
SUEGLIO
VESTRENO
INTROZZO
DERVIO
CREMIA
REZZONICO
SANTA MARIA
ACQUASERIA
BREGLIA
PLESIO
BELLANO
NAGGIO
LIGOMENA
BARNA
VELZO
NOBIALLO
CODOGNA
CARDANO
LOVENO
NARRO
PORLEZZA
TAVORDO
CIMA
CROCE
MENAGGIO
BOLOGNA
PERLEDO
PARLASCO
VARENNA
OSTENO
FIUMELATTE
PINO
ESINO LARIO
VERNA
GRIANTE
RAMPONIO
PONNA INFERIORE
SCARIA
LAINO
PELLIO SUPERIORE
PELLIO INFERIORE
BELLAGIO
MEZZEGRA
TREMEZZO
GIOVANNI
OSSUCCIO
SAN FEDELE INTELVI
SALA COMACINA
BLESSAGNO
PIGRA
COLONNO
LIMONTA
LIERNA
CASTIGLIONE D'INTELVI
CHIESA
LEZZENO
MURONICO
CASASCO D'INTELVI
CERANO D'INTELVI
ARGEGNO
CIVENNA
VASSENA
OCCAGNO
MAGREGLIO
ALMANNO
MORICO
BRIENNO
NESSO
ERNO
VELESO
ZELBIO
BARNI
ONNO
MAGGIANA
MUGGIO
CARENO
TORRIGGIA
ABBADIA LARIANA
BALLABIO
GERMANELLO
QUARZANO
LAGLIO
ROVASCO
POGNANA
DICINISIO
SORMANO
LASNIGO
MAISANO
OSIGO
CANDALINO
CANEGGIO
CARATE
CAGLIO
URIO
VISINO
PALANZO
REZZAGO
MORBIO SUPERIORE
BORGO
ASSO
SAGNO
TORNO
MOLINA
LEMNA
MORBIO INFERIORE
BALERNA
VACALLO
ROVENNA
CANZO
VALMADRERA
MASLIANICO
OLZINO
CERNOBBIO
BLEVIO
CASLINO D'ERBA
CASTELMARTE
PESCATE
TAVERNOLA
PROSERPIO
CIVATE
PEDRINATE
PONTE LAMBRO
LEZZA
ARCELLASCO
SALA AL BARRO
BRUNATE
CARPESINO
CARELLA
CAVALLASCA
CREVENNA
CIVIGLIO
BINDELLA
PONZATE
ALBAVILLA
BUCCINIGO
SOLZAGO
TAVERNERIO
ALBESE
PARRAVICINO
LIPOMO
URAGO
CARCANO
MONTORFANO
PARZANO
MERONE

ITINÉRAIRES

TOUR DU LAC

↔ 158 km ↗ 1600 m

○ Itinéraire route

Cet itinéraire est un classique du lac de Côme, qui invite à en dessiner les contours. Si la première partie du Y est relativement plate, la seconde est quant à elle beaucoup plus escarpée et concentre la quasi-totalité du dénivelé.

EN ROUTE VERS LE RIFUGIO VENINI

↔ 87,9 km ↗ 2 360 m

○ Itinéraire route

Cette boucle assez exigeante vous mènera jusqu'au Rifugio Venini, qui offre une vue à 360° sur le lac de Côme et le lac de Lugano. Alex nous a confié que c'est ici-même qu'il a demandé Annalise en mariage. Preuve que le jeu en vaut la chandelle…

ENTRE SUISSE ET ITALIE

↔ 44,6 km ↗ 1510 m

○ Itinéraire gravel

Le parcours commence à grimper doucement au milieu des vignes, avant de s'enfoncer dans la forêt, sur des pentes plus abruptes. Et il se finit par 15 kilomètres de descente sur une petite route qui serpente.

SARTORIA - COLMA - SARTORIA

↔ 59,1 km ↗ 1430 m

○ Itinéraire route

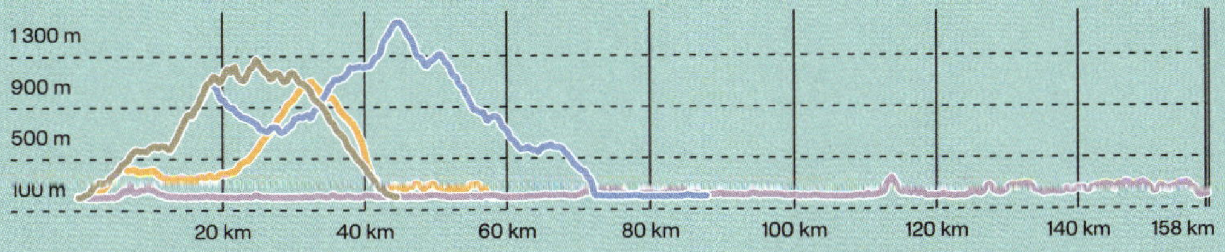

ALEXAN
BERLIN

STEEL VINTAGE BIKES

BERLIN–ALLEMAGNE

Berlin, cité moderne et cosmopolite, est l'une des villes les plus dynamiques d'Europe. Elle combine histoire, architecture et culture incroyables. Vaste, sans relief et dotée d'un réseau de pistes et de voies cyclables de plus de 700 kilomètres, elle se prête parfaitement aux déplacements à vélo.

STEEL
BIKES

STEEL
VINTAGE
BIKES

AU CŒUR D'UN LAND

Wilhelmstraße 91
10117 Berlin

Steel Vintage Bikes Café est la destination ultime pour les vélos anciens et rares depuis 2012. L'histoire de ce lieu a commencé par un atelier de mécanique spécialisé dans le vélo vintage à Fribourg, dans le sud de l'Allemagne. Aujourd'hui, l'enseigne est située à Mitte, en plein cœur de Berlin, un quartier historique et touristique incontournable.

Alex Bisaliev et son équipe se sont construit une réputation internationale avec un véritable réseau de collectionneurs aux quatre coins du globe. Après avoir chiné des vélos datant des années 1970, 1980 et 1990, périodes qui représentent pour eux l'âge d'or du cyclisme, un important travail de restauration commence. Les mécaniciens sont un peu historiens, ils identifient méthodiquement chaque vélo et les datent précisément dans le but de les équiper avec des composants de la bonne époque. Chaque détail et chaque pièce comptent. Plus de 2 500 vélos sont passés par cet atelier de spécialistes, des marques comme Bianchi, De Rosa, Colnago, Willier, Vitus, Moser, etc. « Les vélos ont tous une histoire. » Certains sont des vélos d'exception, comme un Colnago Nuovo Mexico Oro en or 24 carats accroché au mur à l'entrée.

Steel Vintage Bikes Café est ouvert tous les jours pour passer un agréable moment autour d'un café ou manger un morceau entre amis, entretenir sa monture et pourquoi pas y trouver son prochain vélo.

Un néon rose vif éclaire les tables du café réputé pour ses petits déjeuners et brunchs, qui attirent des amateurs de vélo, mais pas uniquement. Le matin, le lieu est plein. Les assiettes de pancakes (sa spécialité) côtoient les œufs brouillés, les *avocado toasts* et les cafés *latte*. Le week-end, mieux vaut réserver !

« LES VÉLOS ONT TOUS UNE HISTOIRE. »

Steel Vintage Bikes Café maîtrise toute la chaîne du café, de l'approvisionnement des grains à l'extraction sur une machine, La Marzocco, ou en filtre. L'équipe torréfie son café issu des plantations les plus éthiques et les plus recherchées au monde. Tout est fait maison, de la mécanique aux pâtisseries.

Une fois passée l'étape du ravito, on se dirige vers l'atelier où l'on découvre alors le degré de professionnalisme qui y règne : les vélos ne sortent de là qu'en parfait état. L'immense stock, fermé au public, est impressionnant. Des dizaines de vélos restaurés, parfaitement alignés, attendent de reprendre du service. D'autres sont disponibles à la location.

On termine sa visite par la boutique et sa sélection de maillots, d'accessoires et de gapettes pour les cyclistes rétros ou plus contemporains. On y retrouve des rééditions de maillots emblématiques de l'équipe Brooklyn Chewing Gum de Roger De Vlaeminck ou encore Molteni d'Eddy Merckx.

À DÉCOUVRIR ÉGALEMENT

STEEL VINTAGE BIKES

Le café dispose aussi d'une seconde adresse plus intimiste au cœur du quartier Mitte. Là aussi, de belles pièces vintage habillent les murs.

Wilhelmstraße 91
10117 Berlin Mitte

RAPHA BERLIN

La marque anglaise a ouvert son café vélo à Mitte en 2017. Aujourd'hui, le club allemand regroupe plus de 1 100 membres. De sorties et de nombreux entraînements sont organisés chaque semaine par et pour les membres. Un détour incontournable pour boire un café avant ou après un *ride*, s'équiper et rencontrer d'autres passionnés.

Alte Schönhauser Straße 5, 10119 Berlin

TEMPELHOFER FELD

Un espace de loisirs situé sur le site d'un ancien aéroport. D'une superficie de 355 hectares, il est ouvert au public depuis 2010. C'est le parc urbain le plus grand au monde. Les anciennes pistes sont utilisées par les Berlinois pour différentes activités sportives ou pour pique-niquer. Le tour de 6,2 kilomètres est parfait pour s'entraîner ou rouler en peloton.

Tempelhofer Damm, 12101 Berlin

MUSTAFA DEMIR'S GEMÜSE KEBAP

Le kebab est une véritable institution à Berlin. Pour beaucoup, la ville propose les meilleurs sandwichs du monde. Chez *Mustafa Demir's Gemüse Kebap*, dans l'ancien Berlin-Est et en plein cœur du quartier alternatif de Friedrichshain, vous mangerez un kebab gourmand en pain ou galette garni d'une viande de poulet juteuse et de légumes cuisinés. Un peu de fromage de brebis, du jus de citron et un savoir-faire depuis 1996. Tout cela en fait une collation idéale après une longue sortie. Optez pour un Club-Mate pour accompagner votre kebab.

Warschauer Straße 27A, 10243 Berlin

BERLIN

Ville, forêts

Urbain, route, gravel

Inexistant

Faible

11 h. en été
3 h. en hiver

20 °C en été
1 °C en hiver

LE CLIMAT

Berlin est une ville située au nord-est de l'Allemagne. Son climat, modérément continental, n'est pas forcément le plus favorable à une pratique sportive en extérieur tout au long de l'année. Les pluies ne sont toutefois pas trop abondantes, le froid est le principal challenge à vélo. Il faudra accumuler les couches de vêtements.

LE TERRAIN DE JEU

La ville est une très vaste zone urbaine, une des plus grandes d'Europe. Elle offre de nombreuses possibilités pour toutes les pratiques et dans toutes les directions. Afin de se rapprocher plus vite de la nature, il est possible de prendre les transports en commun avec son vélo (métro et train). En effet, Berlin est entourée de forêts. Au nord se trouve la grande zone forestière du parc naturel de Barnim avec ses lacs et marais. À l'ouest, celle de Grunewald est propice à la pratique du gravel avec ses lacs et ses collines. L'été, une pause baignade s'impose au lac Schlachtensee. Les 10 kilomètres de la route forestière Havelchaussee sont les plus connus de Berlin. Le point culminant de la région est la colline artificielle de Teufelsberg. Le « Ventoux local », culminant à 120 mètres, a été érigé avec les gravats de la ville après la Seconde Guerre mondiale pour en faire une station d'espionnage pendant la guerre froide.

LA CULTURE CYCLISTE

Le vélo est très populaire en Allemagne. Son ancêtre est d'ailleurs allemand. En 1817, Karl von Drais inventa la draisienne. 180 ans plus tard, le premier Allemand remporta le Tour de France : Jan Ullrich monta sur la plus haute marche du podium à Paris en 1997. Le pays est une grande nation du cyclisme sur piste. Berlin est connue aujourd'hui pour son vélodrome, qui accueille chaque année les Six Jours de Berlin, une compétition qui existe depuis plus de 100 ans. C'est d'ailleurs la plus ancienne course de six jours européenne. L'Allemagne compte près de 40 000 kilomètres de pistes cyclables et 260 véloroutes. Dix routes EuroVelo traversent le pays, dont deux passent à Berlin. Le cyclotourisme est très développé. L'Allemagne est l'autre pays du vélo après les Pays-Bas.

PRODOTTI
CAMPAGNOLO
SPECIALI

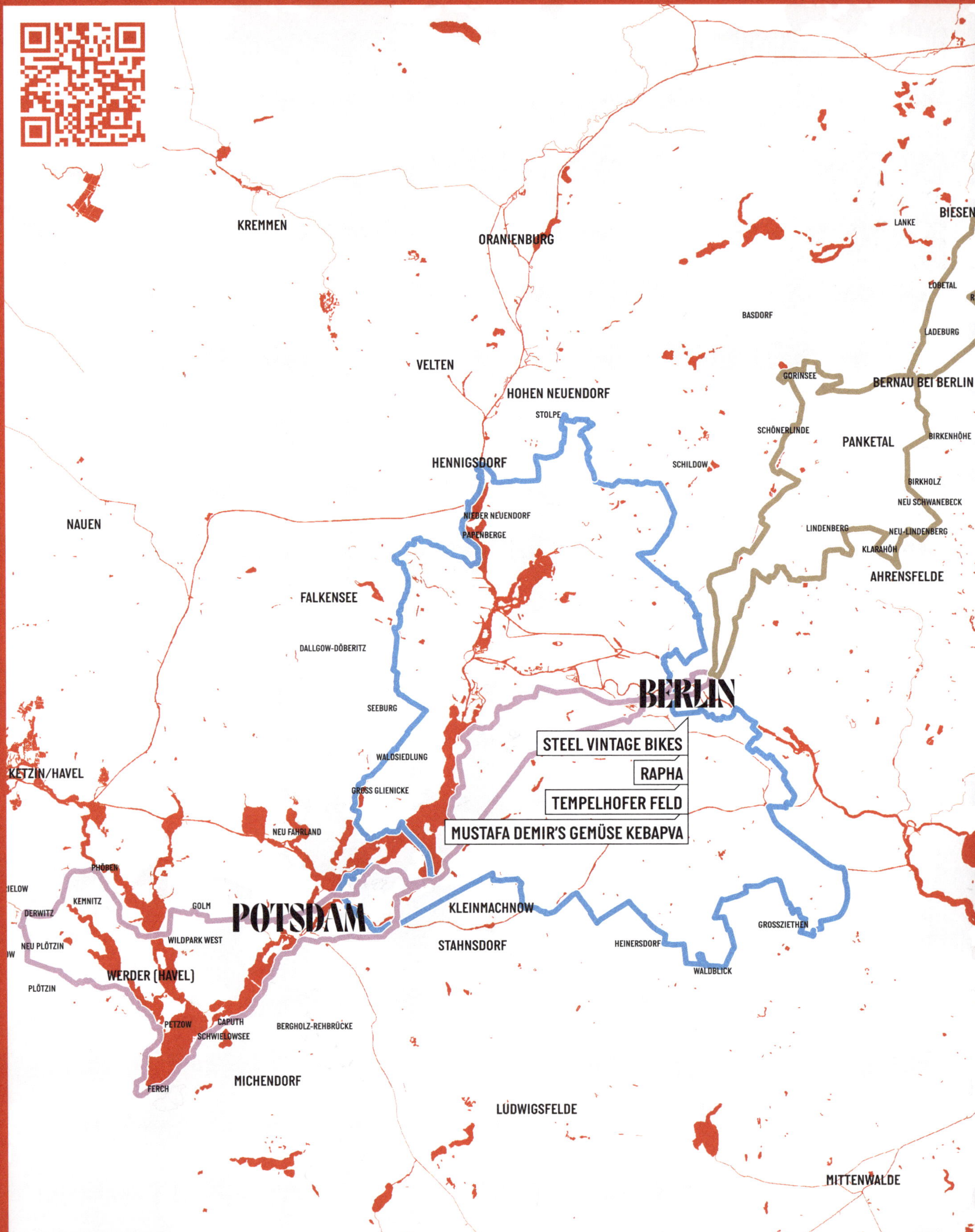
KREMMEN
ORANIENBURG
LANKE
BIESEN
LOBETAL
BASDORF
LADEBURG
VELTEN
HOHEN NEUENDORF
GORINSEE
BERNAU BEI BERLIN
STOLPE
SCHÖNERLINDE
PANKETAL
BIRKENHÖHE
HENNIGSDORF
SCHILDOW
BIRKHOLZ
NEU SCHWANEBECK
NAUEN
NIEDER NEUENDORF
PAPENBERGE
LINDENBERG
NEU-LINDENBERG
KLARAHÖH
AHRENSFELDE
FALKENSEE
DALLGOW-DÖBERITZ
BERLIN
SEEBURG
STEEL VINTAGE BIKES
RAPHA
TEMPELHOFER FELD
MUSTAFA DEMIR'S GEMÜSE KEBAPVA
WALDSIEDLUNG
KETZIN/HAVEL
GROSS GLIENICKE
NEU FAHRLAND
PHÖBEN
KEMNITZ
GOLM
DERWITZ
POTSDAM
KLEINMACHNOW
GROSSZIETHEN
WILDPARK WEST
NEU PLÖTZIN
STAHNSDORF
HEINERSDORF
WERDER (HAVEL)
WALDBLICK
PLÖTZIN
PETZOW
CAPUTH
SCHWIELOWSEE
BERGHOLZ-REHBRÜCKE
FERCH
MICHENDORF
LUDWIGSFELDE
MITTENWALDE

ITINÉRAIRES

BERLIN MAUERWEG

↔ 165 km ↗ 670 m

○ Itinéraire route

Le sentier du mur de Berlin suit le tracé des anciennes fortifications frontalières de la RDA jusqu'à Berlin-Ouest. Un itinéraire chargé d'histoire, alternant nature, architecture et canaux rectilignes ! Le parcours peut se décomposer en trois étapes, toutes accessibles en transports publics.

EN ROUTE VERS L'OUEST

↔ 126 km ↗ 640 m

○ Itinéraire route

Cette boucle vous fera voyager autour de nombreux lacs. Vous passerez par la magnifique ville de Potsdam et l'extravagant parc de Sanssouci, appelé aussi le « Versailles allemand ». Son château se dresse au-dessus d'un vignoble en terrasses.

DES AIRS DE STRADE BIANCHE

↔ 102 km ↗ 360 m

○ Itinéraire gravel

Cet itinéraire part vers le nord et regroupe les plus belles pistes et sections de graviers du coin. Peu de ravitos possibles sur l'itinéraire, prévoyez le nécessaire avant de partir. Soyez attentif aux cerfs vers le kilomètre 30.

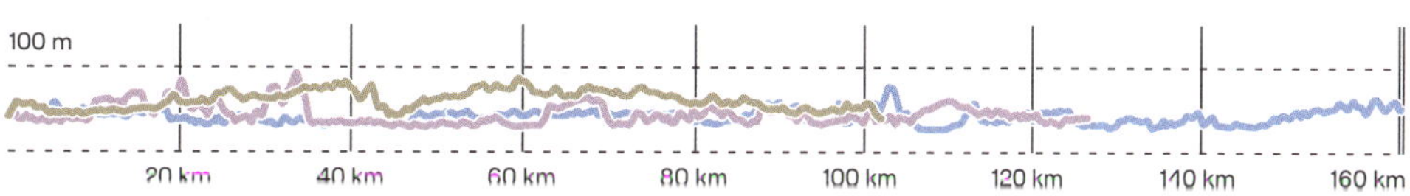

LOS ANGELES

LUFT

LOS ANGELES, CALIFORNIE–ÉTATS-UNIS

Quand on pense à Los Angeles, on pense tout de suite à Hollywood et à ses lettres qui surplombent la ville, au cinéma et son industrie, à ses plages mythiques et ses palmiers. La cité est tentaculaire et, comme la plupart des villes aux États-Unis, elle a été conçue autour de l'usage de l'automobile. Le vélo y est pourtant bien présent. Los Angeles est un vaste terrain de jeu à découvrir et à apprivoiser.

Luft

Luft

L.A. COMMUNAUTÉ

1930 Lincoln Boulevard
Venice, CA 90291

Luft Los Angeles est un concept un peu à part dans le monde des cafés vélos. Selon Cody Chouinard, l'un des fondateurs, *Luft Los Angeles* a été créé pour rassembler la communauté cycliste de Los Angeles. Le *shop* aspire ainsi à être bien plus qu'un simple magasin de vélos.

La façade blanche de la boutique arbore un logo épuré. On retrouve des plantes grasses et des bancs en bois pour accueillir les cyclistes à l'extérieur. Les grandes baies vitrées laissent entrer le soleil californien. Les meubles en bois sont minimalistes. L'ambiance est décontractée. Pas de doute possible, on est bien à Venice Beach. *Luft Los Angeles* est un peu le « *surf shop* » du monde du vélo. L'atmosphère y est accueillante, les cyclistes amateurs et confirmés se côtoient. L'idée ici est de réunir les cyclistes de tous horizons et de faire évoluer la culture cycliste vers plus de bienveillance entre les différentes pratiques, le cyclisme à Los Angeles étant très compétitif.

En plus d'offrir une sélection de marques de vêtements, matériels et accessoires choisis avec le plus grand soin, *Luft Los Angeles* est un véritable acteur local qui anime la communauté cycliste en proposant des sorties en groupe.

Le café ici est offert. Il fait partie du concept. Extrait en méthode douce, il apporte la caféine nécessaire à votre *ride*. Côté équipement, la configuration est minimale, mais extrêmement pointue. Deux bouilloires Fellow EKG, deux porte-filtres Hario V60 et un moulin Fellow Ode. On y retrouve des grains de café de spécialité choisis chez les meilleurs torréfacteurs du pays, comme Abracadabra Coffee, basé dans le Vermont, qui a développé un café spécialement pour *Luft Los Angeles* et uniquement servi sur place.

Pour compléter l'expérience, on peut bien entendu faire réviser et entretenir sa monture, l'atelier de mécanique à l'entrée en prendra le plus grand soin. Une fois votre vélo prêt pour l'aventure, choisissez la direction que vous voulez explorer et c'est parti ! Si vous n'avez pas de vélo, *Luft Los Angeles* s'occupe de tout. Une flotte de gravels de la marque américaine BlackHeart Bike Company est disponible à la location.

Chez *Luft Los Angeles*, on aime rouler, partager et faire découvrir.

#LASUCKSFORCYCLING

Ce hashtag né sur Instagram est un clin d'œil à la mauvaise réputation de Los Angeles en matière de cyclisme. La qualité et la diversité des itinéraires offrent pourtant à L.A. un potentiel énorme. Ce hashtag est à utiliser uniquement si vous avez passé du bon temps sur la selle lors de votre sortie.

DUDLEY MARKET

Entre deux sorties vélo, vous pourrez vous régaler les papilles au *Dudley Market*, situé à quelques pas de la plage. Cette ancienne épicerie, dont il reste encore tout un pan de mur si vous ne souhaitez y faire que quelques emplettes, a été rénovée en un restaurant de poissons et fruits de mer. Avec ses menus saisonniers, composés selon les arrivages de la mer, les mets s'accordent parfaitement aux vins sélectionnés sur mesure.

---

9 Dudley Avenue, Venice, CA 90291

GJELINA

C'est la pizzeria incontournable de Venice Beach sur Abbot Kinney Boulevard. Les pizzas sont faites avec des produits locaux. Vous avez le choix entre les manger sur place ou emporter une part ou deux pour vous remettre de votre sortie à Topanga (*cf.* Itinéraires).

1429 Abbot Kinney Boulevard, Venice, CA 90291

À DÉCOUVRIR ÉGALEMENT

THE CUB HOUSE

C'est un lieu unique en son genre : un atelier de réparation ainsi qu'une boutique de vélos et de plantes dans une ancienne station-service à Passadena ! C'est aussi le QG de Team Dream Bicycling Team, cette marque californienne qui considère que le vélo est amusant et que plus de gens devraient en faire.

2510 Mission Street, San Marino, CA 91108

Win
TOW-AWAY
NO PARKING
ANY TIME

LOS ANGELES

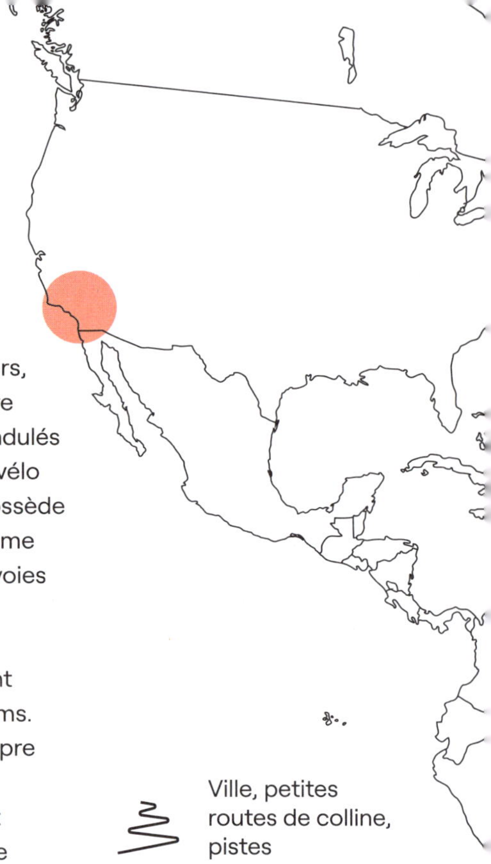

LE CLIMAT

On peut s'entraîner à vélo toute l'année à Los Angeles. La ville bénéficie de conditions climatiques idéales pour la pratique sportive en extérieur. Les palmiers en sont témoins, il fait toujours beau ici. Prévoyez de la crème solaire ! Durant les mois d'été, il est préférable d'aller rouler tôt le matin ou en début de soirée.

LE TERRAIN DE JEU

Pour Cody, Los Angeles est « la meilleure ville pour un cycliste ». Un véritable paradis, entouré de montagnes et de plages. Les paysages sont spectaculaires. Il est possible de s'évader à vélo de l'immense zone urbaine pour se retrouver seul dans la nature.
Au nord, au cœur de la forêt nationale d'Angeles, les monts San Gabriel offrent plus de 30 ascensions différentes aux cyclistes. La plus connue est celle du mont Wilson : il faut grimper plus de 25 kilomètres pour atteindre le sommet à 1 740 mètres. Certaines sont uniquement accessibles en gravel comme celle du mont Baldy et ses 7,3 % de pente moyenne.
À l'ouest de la ville se trouvent le parc de Topanga et les montagnes de Santa Monica. Sur la route ou hors des sentiers battus, de nombreux itinéraires s'offrent à vous.
Il est possible de se faire plaisir au sein même de la ville. Un des endroits les plus appréciés pour le vélo est Griffith Park avec son vaste réseau de pistes cyclables idéal pour s'évader rapidement et s'entraîner à grimper jusqu'à l'observatoire. La vue sur la ville y est imprenable.
Non loin de là, un autre incontournable pour les cyclistes est de se rendre aux pieds d'un des symboles de Los Angeles : l'enseigne Hollywood, qui surplombe la ville depuis 1923. Ce lieu touristique se mérite, car il faudra y grimper à la force de ses cuisses.

LA CULTURE CYCLISTE

Quand on pense à la Californie, le cyclisme n'est pas le sport le plus populaire, ni celui qui vient à l'esprit en premier. Le basketball et les Lakers, le base-ball et les Dodgers ou encore le football américain sont vraiment adulés dans la Cité des Anges. Pourtant, le vélo de route est bien présent. La ville possède de nombreuses pistes cyclables, même si on se déplace en sécurité sur les voies de circulation.

De nombreuses courses cyclistes ont lieu à Los Angeles, dont des critériums. Les États-Unis ont d'ailleurs leur propre Championnat national dans cette discipline. Ces derniers se déroulent toujours sur un circuit d'un kilomètre environ pour que le public profite pleinement de la course, suivant et acclamant les coureurs durant le parcours.

Depuis 2019, l'équipe L39ION of Los Angeles fondée par deux cyclistes, Cory et Justin Williams, rayonne sur la ville et bien au-delà des frontières du pays en faisant la promotion de la diversité dans le cyclisme. Elle œuvre à la création d'un avenir meilleur pour ce sport, accessible à tous.

La Californie est également une terre de gravel, on pourrait même la qualifier de berceau du gravel avec un grand G. Le premier rassemblement gravel Grinduro a vu le jour à Quincy en 2015. Référence en la matière, il impose encore aujourd'hui ses standards à travers le monde. De nombreux autres événements ont lieu chaque année et font des envieux dans le monde entier, la liste est longue : LA Tourist Race, Belgian Waffle Ride, Lost & Found, etc.

Ville, petites routes de colline, pistes

Cruiser, route, gravel, VTT

Belles et longues ascensions

Modérée

11 h. en été
8 h. en hiver

24 °C en été
12 °C en hiver

ROAD
WORK
AHEAD
HERE
TO
GOLDEN
BULL

LIFEGUARD
LIFEGUARD
TOYOTA

ITINÉRAIRES

VUE SUR L'OCÉAN

↔ 61 km ↗ 910 m

○ Itinéraire route

C'est un incontournable de l'ouest de Los Angeles. Topanga est le premier canyon de la Pacifique Coast Highway, c'est donc la porte d'entrée des montagnes de Santa Monica. Habituellement, Cody y roule tôt le matin avant le travail, mais si vous y allez en fin d'après-midi, arrêtez-vous au petit magasin rouge sur la gauche appelé *Country Natural Foods*. C'est une entreprise familiale qui propose de nombreuses friandises faites maison, notamment des boulettes de légumes et des nems. Une fois arrivé à Saddle Peak, vous serez accueilli par une vue spectaculaire sur l'océan et la vallée de San Fernando. La descente est rapide et fluide, alors accrochez-vous bien et surfez sur la vague !

GRAND LOS ANGELES

↔ 147 km ↗ 2 350 m

○ Itinéraire route/gravel

Il s'agit d'un de ces itinéraires qui devraient figurer sur la liste des choses à faire avant de mourir. Commencez à la plage et montez jusqu'au mont Wilson pour avoir une vue imprenable sur la ville, et même un peu de neige si vous avez de la chance. En chemin, vous traverserez littéralement presque tous les quartiers de Los Angeles. Le matin, prenez un café au *Collage Coffee* à Highland Park avant de vous diriger vers l'autoroute 2. Sur le chemin du retour, prenez un *dandan mian* chez *Pine and Crane* à Silverlake. Si vous avez encore de l'énergie, faites un détour par Griffith Park ou prenez l'autoroute Mulholland pour retourner dans le quartier ouest.

TACOS & GRAVEL

↔ 45,7 km ↗ 790 m

○ Itinéraire gravel

Si vous disposez de deux heures et que vous voulez faire du gravel, c'est LE chemin à suivre. La trace est appelée « *Lil Dirt* » parce que c'est juste assez pour se satisfaire et vous faire sortir de la ville. Petit bonus pour les plus téméraires, il y a un *single track*, parallèle à la route de service des pompiers. Faites attention aux chiens non tenus en laisse ou à certains influenceurs dans la nature. Cette balade est également amusante à faire le soir avec des amis. N'oubliez pas de vous arrêter au camion à tacos *Laguerala* situé en face de *Whole Foods Market* à Venice pour un ravito.

LA LA LAND

↔ 37 km ↗ 740 m

○ Itinéraire route/gravel

Un classique pour tout cycliste de passage à Los Angeles. Cet itinéraire vous emmène voir les lettres les plus connues au monde. Passez par Fountain Avenue pour éviter le trafic et vous échauffer avant de grimper à travers Nichols Canyon, une montée douce jusqu'à la légendaire Mulholland Highway. À partir de là, les choses sérieuses commencent. Vous passerez le lac artificiel Hollywood, réserve d'eau pour la ville, puis continuerez à grimper jusqu'à votre destination : l'enseigne « Hollywood » érigée sur le mont Lee.

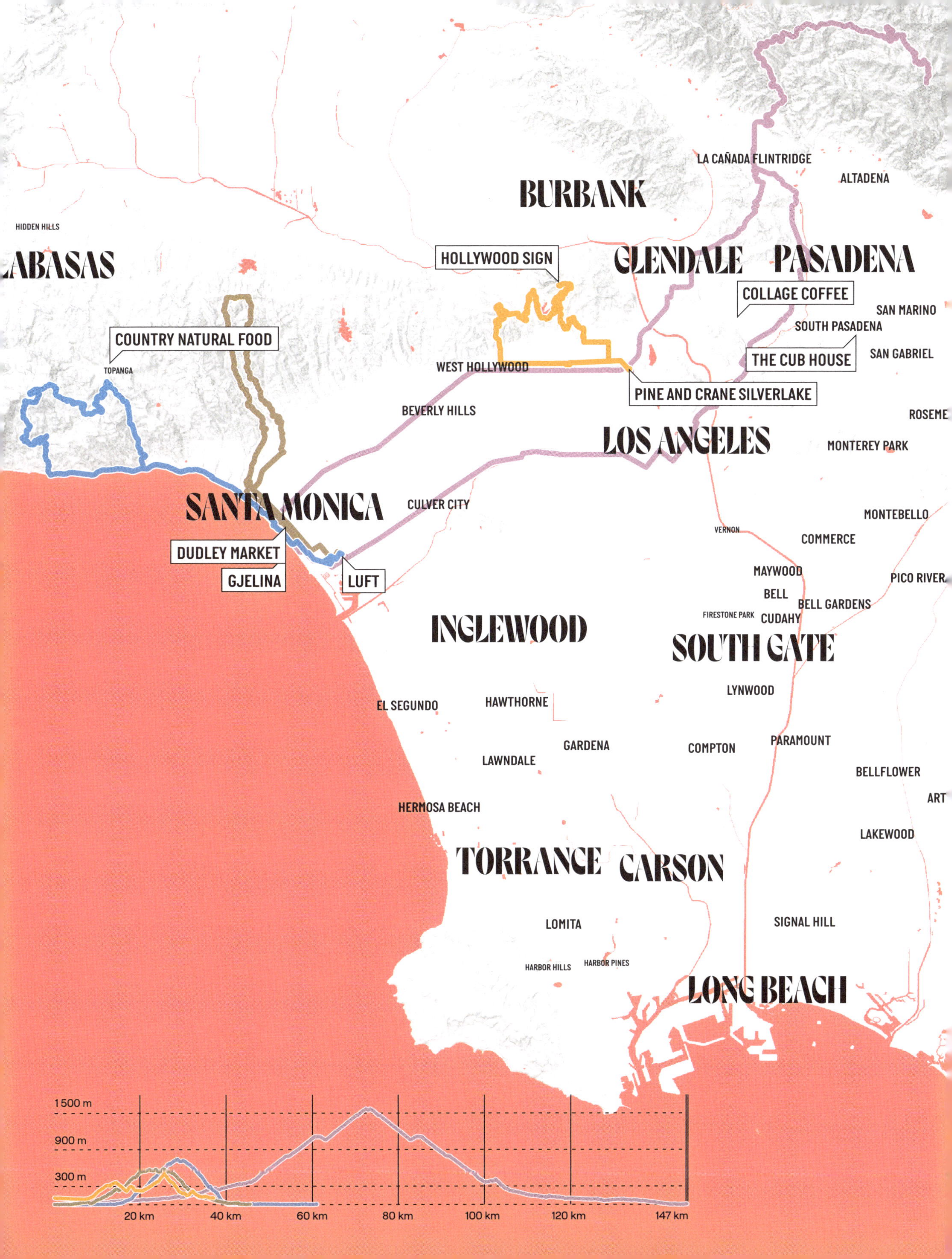
LA CAÑADA FLINTRIDGE
ALTADENA
BURBANK
HIDDEN HILLS
ABASAS
HOLLYWOOD SIGN
GLENDALE
PASADENA
COLLAGE COFFEE
SAN MARINO
SOUTH PASADENA
COUNTRY NATURAL FOOD
TOPANGA
THE CUB HOUSE
SAN GABRIEL
WEST HOLLYWOOD
PINE AND CRANE SILVERLAKE
BEVERLY HILLS
ROSEME
LOS ANGELES
MONTEREY PARK
SANTA MONICA
CULVER CITY
MONTEBELLO
VERNON
COMMERCE
DUDLEY MARKET
GJELINA
LUFT
MAYWOOD
PICO RIVER
BELL
BELL GARDENS
FIRESTONE PARK
CUDAHY
INGLEWOOD
SOUTH GATE
LYNWOOD
EL SEGUNDO
HAWTHORNE
GARDENA
COMPTON
PARAMOUNT
LAWNDALE
BELLFLOWER
HERMOSA BEACH
ART
LAKEWOOD
TORRANCE
CARSON
LOMITA
SIGNAL HILL
HARBOR HILLS
HARBOR PINES
LONG BEACH
1 500 m
900 m
300 m
20 km
40 km
60 km
80 km
100 km
120 km
147 km

STUDIOS

20
MPH
600

REGROUP COFFEE + BICYCLES

PHŒNIX, ARIZONA–ÉTATS-UNIS

Partez à la conquête de l'Ouest américain à vélo !
Tempe est une ville de la banlieue de Phoenix, en Arizona, située à environ 500 kilomètres à l'est de Los Angeles et de l'océan Pacifique, en plein milieu du désert de Sonora. Les formations rocheuses et les nombreux cactus sagurao (de forme allongée) offrent un décor magnifique à toutes les sorties à vélo. Partez à la découverte, au choix, de la ville, des montagnes ou des étendues désertiques qui l'entourent.

GRAVEL
ADVENTURE
FIELD GUIDE

LE POINT DE RALLIEMENT

1205 N Scottsdale Road
Tempe, AZ 85281

Regroup Coffee & Bicycles a vu le jour en 2016 avec pour mission, comme son nom le laisse entendre, de rassembler la communauté cycliste en s'inspirant du concept du *shop Angry Catfish* de Minneapolis. Née de la vibrante culture cycliste de la ville, cette boutique incite les gens à se lancer dans leur prochaine aventure à vélo. Amis cyclistes s'y retrouvent régulièrement autour d'un café avant ou après une sortie à vélo.

#WHEREDOYOUREGROUP

Regroup Coffee & Bicycles coche toutes les cases du café vélo. Il propose un service de réparation et d'entretien haut de gamme. L'atelier de mécanique offre des prestations dignes d'un service course, à l'image de la sélection de vélos à l'étage. En effet, le *showroom* expose des vélos d'exception, prêts à arpenter les alentours, peu importe la surface, de la route aux chemins plus cassants du désert en passant par les pistes idéales pour la pratique du gravel.

L'atelier jouxte l'espace *coffee shop*. Un peu comme dans les restaurants à cuisine ouverte, on peut ici suivre le travail du mécanicien en savourant son *flat white*. Les pâtisseries sont faites maison et changent au gré des saisons. Elles varient même en fonction des origines des cafés dans les moulins Compak E8 Essential afin de s'accorder avec les notes parfumées qui s'échappent de la tasse. *Regroup Coffee & Bicycles* collabore d'ailleurs avec un torréfacteur local, Mythical Coffee, pour proposer son propre café.

Le barista utilise une Slayer Steam Gunmetal, fabriquée à Seattle. Cette machine a pour avantage de pouvoir faire durer l'extraction plus longtemps, avec une longue pré-infusion à bas débit pour développer les arômes du café, un cœur d'extraction avec un plus fort débit pour redescendre sur un débit plus faible en fin d'extraction. Chaque tasse est unique. Les adeptes des méthodes douces pourront quant à eux opter pour un V60. Les passionnés du café de spécialité pourront même s'asseoir au comptoir. Il y a des tabourets au niveau de la machine.

À DÉCOUVRIR ÉGALEMENT

MYTHICAL COFFEE

Les cafés de spécialité proposés en *single-origin* sont renouvelés régulièrement. Au petit déjeuner, ils proposent un burrito, collation idéale avant un *ride*.

1090 S Gilbert Road Suite 102
Gilbert, AZ 85296

MATT'S BIG BREAKFAST

Ce restaurant situé dans le centre-ville de Phoenix est le premier de l'enseigne. Ouvert en 2004, il est rapidement devenu l'un des plus populaires d'Arizona. Il propose une cuisine américaine copieuse, des petits déjeuners toute la journée, des sandwichs et des burgers.

---

825 N 1st Street, Phoenix, AZ 85004

LE JARDIN BOTANIQUE DU DÉSERT

Ce jardin botanique vaut le détour si c'est votre premier séjour en Arizona. Il abrite des milliers d'espèces de cactus, d'arbres et de fleurs du monde entier. Tout a commencé en 1939 avec une pancarte « Sauvez le désert ». Le projet est passé au fil du temps du stade de rêve à celui de musée vivant.

1201 N Galvin Parkway, Phoenix, AZ 85008

greetings from
TEMPE

ARIZONA

LE CLIMAT

Il fait toujours beau en Arizona. Le ciel est dégagé la plupart du temps. Le bleu du ciel contraste avec le rouge de la terre et le vert olive des cactus. L'été est vraiment très, voire trop, chaud pour le vélo, il fait 35 °C en moyenne, mais au printemps, les températures sont idéales et les cactus en fleurs. Le vélo a donc une saisonnalité ici, mais différente de beaucoup d'autres endroits décrits dans ce livre.

LE TERRAIN DE JEU

Phoenix et sa banlieue représentent une zone urbaine très vaste qui s'étend à perte de vue. Autour de la ville, des montagnes et des déserts. Une fois ses limites franchies, un monde s'offre à vous : route, gravel, VTT… tout est possible ! L'Arizona est propice à l'aventure et à la découverte à vélo.
Sur la route, les grimpeurs se défient sur la principale ascension du sud de la ville, située dans le parc des South Mountains, grand de plus de 10 000 hectares de désert et de montagnes. L'ascension du mont Suappoa et de son sommet à 814 mètres d'altitude est la plus populaire de la région. Chaque dimanche, la route est fermée aux voitures pour le plus grand bonheur des cyclistes. Le parc est également apprécié des VTTistes, surtout pour son itinéraire sur la ligne de crête qui offre un panorama de la ville.
Le Nord procure aussi de nombreuses opportunités pour passer du bon temps sur la selle. Prenez par exemple la ville de Sedona, située à 2 heures de voiture de *Regroup Coffee & Bicycles*. Entouré de roches rouges et de canyons escarpés, ce coin est un eldorado du vélo. Les cyclistes les plus aguerris peuvent aussi s'essayer au Black Canyon Trail, un itinéraire difficile de 130 kilomètres qui emprunte le chemin historique des voyageurs et des commerçants amérindiens. La piste serpente à travers le paysage du désert de Sonoran, les cactus et les canyons. En revenant vers le Sud, proche de la frontière avec le Mexique, la ville de Patagonia est une porte vers un paradis de la pratique du gravel. De nombreuses pistes permettent de traverser les immenses étendues sans croiser grand monde.

LA CULTURE CYCLISTE

La trace la plus mythique de l'État est l'Arizona Trail, un itinéraire de plus de 1 300 kilomètres qui traverse l'Arizona du sud au nord, du Mexique à l'Utah, et une diversité de paysages fabuleux, comme le Grand Canyon ou le parc national de Saguaro et ses cactus majestueux. Chaque année, une centaine de personnes seulement le parcourent en entier, comme la cycliste d'endurance Lael Wilcox qui, en 2022, réalisa un record : elle le termina en 9 jours 8 heures et 23 minutes. Son temps n'a pas été officialisé, car une équipe la suivait pour documenter son périple. Bravo tout de même, Lael !

L'Arizona est un peu le berceau du gravel. L'événement Belgian Waffle Ride y organise chaque année une édition de sa course. Appelée « L'enfer du désert du Nord », la course est une classique *offroad* de presque 200 kilomètres qui mélange cyclistes amateurs et athlètes professionnels. Tous se retrouvent à la fin pour savourer des gaufres et des bières.

Au départ de Phoenix, une boucle *bikepacking* de quatre ou cinq jours appelée « *The Fool's Loop* » vous fera parcourir 450 kilomètres à travers les beautés de l'Arizona. Vous traversez le Black Canyon Trail et ses pistes à perte de vue, ou encore la magnifique forêt de Tonto en suivant des routes de service. Emportez beaucoup d'eau avec vous !

Ville, petites routes de colline, pistes, déserts

Cruiser, route, gravel, VTT

Belles et longues ascensions

Modérée

13 h. en été
9 h. en hiver

35 °C en été
12 °C en hiver

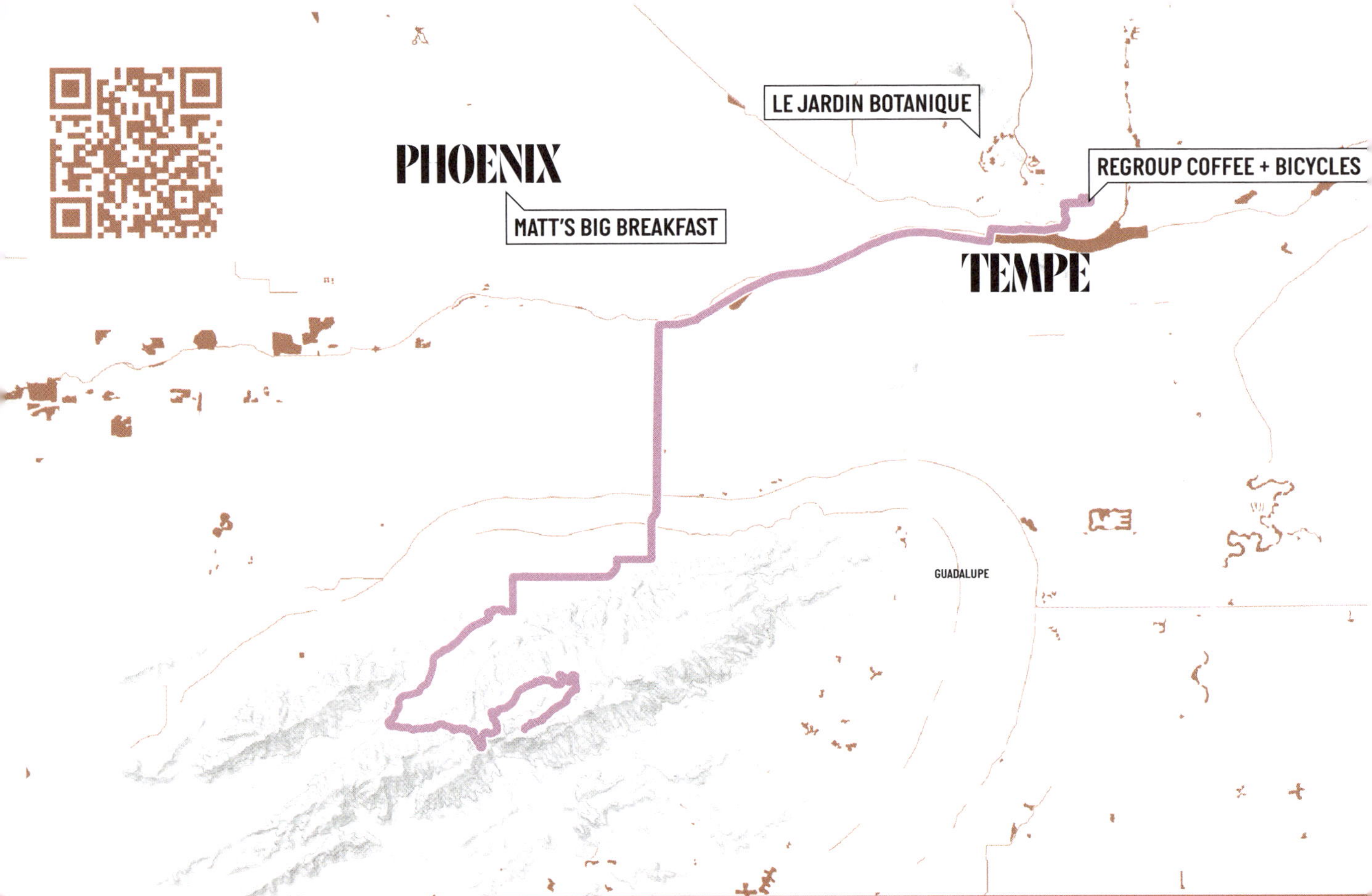

LE JARDIN BOTANIQUE
PHOENIX
REGROUP COFFEE + BICYCLES
MATT'S BIG BREAKFAST
TEMPE
GUADALUPE

PATAGONIA

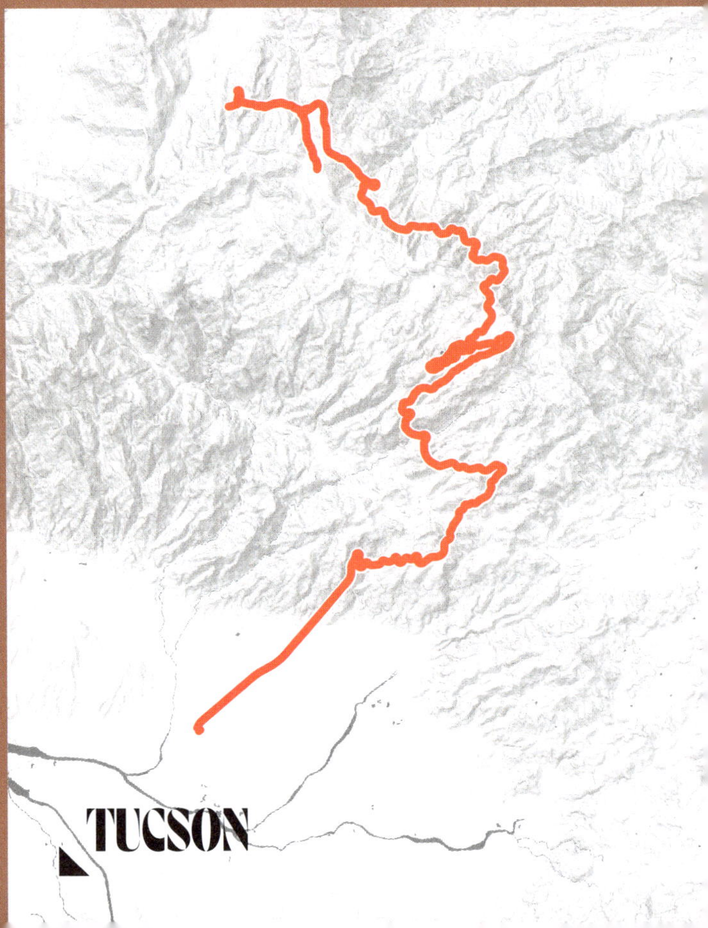

TUCSON

ITINÉRAIRES

SUNDAY FUNDAY

↔ 67,7 km ↗ 620 m

○ Itinéraire route

Au départ de *Regroup Coffee & Bicycles*, partez pour l'ascension la plus prisée de la région. La première moitié de la montée consiste en une route doucement sinueuse le long d'une arête abrupte. La seconde moitié se corse. La vue est imprenable. Ouvrez les yeux !

BIENVENUE AU FAR WEST !

↔ 80,5 km ↗ 810 m

○ Itinéraire gravel

80 kilomètres de pur gravel avec le grand Ouest américain comme décor. Patagonia est un paradis pour la pratique du gravel. La map vous emmène à la frontière mexicaine sur des pistes de terre rouge. Régalez-vous !

UN RÊVE POUR LES GRIMPEURS

↔ 104 km ↗ 2 880 m

○ Itinéraire route

À moins de 3 heures de *Regroup Coffee & Bicycles* en voiture, l'ascension du mont Lemmon est un défi colossal. Plus de 50 kilomètres d'ascension pour arriver au sommet. Lance Armstrong, lors de ses mois d'entraînement hivernal en préparation du Tour de France, louait une cabane au sommet du mont et le grimpait tous les jours.

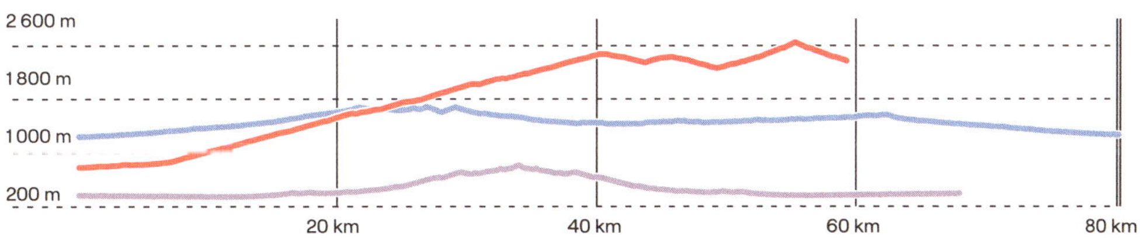

CARTEL

VÉLO CARTEL

QUÉBEC–CANADA

Le Canada est un pays qui offre des paysages vastes, spectaculaires et variés, propices au cyclisme, une activité sportive populaire, du vélo de route au VTT, sans oublier le gravel. Que vous soyez professionnel, cyclotouriste ou cycliste occasionnel, les itinéraires y sont variés et destinés à tous les niveaux, malgré des conditions climatiques qui peuvent être un réel défi !

CARTEL

CARTEL

LE CENTRE DE FORMATION

367, rue Soumande
Québec, QC G1M 1A5

Vélo Cartel est une création de Bruno Langlois, un ancien coureur professionnel, qui souhaitait partager son expérience au sein d'un projet global autour de la culture cycliste.
Il a roulé en compétition pendant plus de 15 ans, gagné de nombreuses étapes à travers le globe, participé au Tour de Géorgie en 2005 dans le peloton avec Lance Armstrong et Floyd Landis, et été sacré champion du Canada en 2016 (un sacré palmarès !). Il imagina pour cela un véritable camp de base pour les fous de la pédale. Un lieu communautaire où tous seraient accompagnés de bout en bout dans leur pratique.
C'est ainsi qu'il créa *Vélo Cartel*.
Le credo était simple : orienter, dans un climat de confiance, les professionnels comme les amateurs vers le bon vélo et le bon équipement, tout en leur proposant un planning d'entraînement adapté. C'est pour cela qu'en plus des espaces café et boutique, on trouve chez *Vélo Cartel* une salle d'entraînement, une salle de musculation, un atelier de positionnement et un atelier mécanique. Mais si ce lieu est si différent, c'est surtout parce que ses adeptes forment une grande famille, un ensemble de passionnés qui tendent vers des aspirations communes, d'où le nom composé de « *Cartel* ».

L'extérieur, de style industriel, donne sur un immense parking. Seule une petite enseigne se détache du grand hangar en brique rouge : on ne vient pas chez *Vélo Cartel* par hasard ! Une fois la porte passée, on accède d'abord au café et à la boutique. Un travail de design intérieur et d'aménagement a été effectué pour transformer cet espace à l'origine brut en paradis pour cyclistes. Des espaces délimités sont dédiés aux différentes activités. Une longe, table placée devant un grand rideau de garage vitré, laissé ouvert l'été, permet aux habitués de se retrouver pour siroter l'un de leurs célèbres *smoothies* de récupération.
C'est d'ailleurs autour de celle-ci qu'ils ont l'habitude de débriefer après leur séance d'entraînement. En face, on retrouve une sélection de produits haut de gamme : des vélos d'exception prêts à avaler l'asphalte, des vêtements techniques et des composants de marques prestigieuses.
À gauche de l'entrée, on aperçoit, à travers une porte vitrée, les cyclistes en plein effort faisant face à l'immense écran de la salle d'entraînement.
Les séances se font en groupe.

Les membres du personnel sont évidemment tout aussi passionnés que les clients, à tel point qu'ils ont d'ailleurs pris l'habitude de rouler ensemble avant l'ouverture.

Le café vient de chez Structure, un torréfacteur de Montréal. Il est extrait sur Rocket Espresso deux groupes.

Chez *Vélo Cartel*, on retrouve tout ce dont un cycliste a besoin, que ce soit pour commencer, pour s'équiper, pour atteindre le niveau de préparation qu'il vise ou pour éprouver du plaisir à vélo. Pas étonnant que ce café vélo soit aussi rapidement devenu un incontournable des amateurs de cyclisme à Québec.

LE CLUB

MONTRÉAL, QUÉBEC–CANADA

Entièrement encerclée par le fleuve Saint-Laurent et ses confluents, Montréal est une ville insulaire, ce qui lui donne un caractère unique. Véritable métropole cosmopolite, elle se caractérise par sa richesse culturelle et sa diversité ethnique. Elle tient d'ailleurs son nom du mont Royal, colline emblématique qui surplombe la ville et qui offre aux cyclistes une superbe ascension à près de 8 % de pente moyenne.

LE CLUB

C

LE CAFÉ CYCLISTE

3801, rue Saint-Denis,
Montréal, QC H2W 2M4

Niché au rez-de-chaussée d'une magnifique maison victorienne, aux murs de pierres grises et à l'escalier extérieur en fer forgé, *Le Club Montréal* concentre plusieurs activités.

Le Club Espresso Bar se revendique avec fierté de l'héritage « du café de la troisième vague ». C'est donc un café de spécialité subtilement travaillé, issu des mélanges du monde entier, qui attend le cycliste poussant les portes du Club. Non seulement il pourra goûter aux différentes compositions des *blends* régulièrement renouvelés, mais il pourra aussi s'équiper de la tête aux pieds, jusqu'aux roues de son vélo.

LE CLUB ESPRESSO BAR *SE REVENDIQUE AVEC FIERTÉ DE L'HÉRITAGE « DU CAFÉ DE LA TROISIÈME VAGUE ».*

Le Club Boutique Cycliste propose en effet une large gamme de vêtements de marques cyclistes actuelles, ainsi que des accessoires tels que des pneus (tous testés et approuvés par le personnel du Club !), des sacoches de toutes tailles, ou de la guidoline de Tasmanie.

À l'intérieur du café, une grande luminosité se dégage du mobilier et du parquet en bois clair, ainsi que des murs, étagères et chaises de couleur blanche. Des coussins sont mêmes disposés dans l'encadrement des fenêtres pour se rapprocher de la lumière et de la vue sur l'extérieur.

Au centre de la pièce, un comptoir circulaire, ouvert sur les trois côtés, rappelle une piste de vélodrome avec ses lignes de côtes noire, rouge et bleue. Des petites tables sont disposées les unes à côté des autres, permettant aux cyclistes de côtoyer des *co-workers*, assis derrière leur ordinateur portable. La présence d'un grand écran, situé en face des tables, permet de retransmettre les courses cyclistes.

Quant à l'extérieur, une petite terrasse permet d'accueillir aisément les groupes au départ et au retour de leurs sorties vélo. D'ailleurs, dès que la neige se dissipe, Le Club organise (presque) tous les jours des balades et des événements pour sa communauté, dont ses fameux *Mornings Rides*. Le Club s'est notamment associé avec le collectif cycliste Les Limettes, qui soutient les femmes victimes de violences conjugales.

MESSOREM

Aux abords du canal de Lachine, dans un vieux hangar de briques rouges recouvert de graffs colorés, se tient la micro-brasserie *Messorem*. Un énorme château d'eau d'époque (véritable pièce de collection selon les propriétaires !) trône dans le jardin, au milieu des tables en bois et des chaises longues. L'endroit est idéal pour ceux qui aiment conjuguer bière artisanale et gros braquet.

2233, rue Pitt, Montréal, QC H4E 4H2

DREAMY & THE CANADIAN ROASTING SOCIETY

Juste à côté de *Messorem*, *The Canadian Roasting Society* abrite un espace de torréfaction communautaire, où *Le Club* vient notamment torréfier ses grains et partager les équipements. À l'entrée du local, la boutique *Dreamy* permet de goûter et de s'approvisionner en café de spécialité et en biscuits. Ne passez pas à côté de leurs *scones*, spécialité de la maison.

3780, rue Saint-Patrick, Montréal, QC H4E 1A2

LE CAFÉ APOLLO

C'est un café au décor minimaliste à deux pas de la basilique Sainte-Anne-de-Beaupré. Derrière ses grandes portes de garage vitrées, retrouvez, certes, du café de spécialité de torréfacteurs locaux tels que Zab ou encore Escape de Montréal, mais également de quoi vous remettre de votre sortie à vélo : des salades, des *wraps* et même des *energy balls*.

10013, avenue Royale, Sainte-Anne-de-Beaupré, QC G0A 3C0

O'RAVITO CAFÉ

Ce relais gourmand fondé par des amoureux de vélo propose une cuisine raffinée à base de produits locaux et 100 % maison. Pour vous y rendre, faites la traversée du fleuve Saint-Laurent en bateau, appelé ici à Québec un « traversier ». Une fois débarqué sur la rive sud avec votre vélo, à vous l'aventure !

2560, chemin du Fleuve, Saint-Romuald, QC G6W 1X4

À DÉCOUVRIR ÉGALEMENT

LE VÉLODROME SYLVAN-ADAMS

Également appelé « vélodrome de Bromont », c'est aujourd'hui le seul vélodrome au Canada, situé à une heure de voiture au sud de Montréal. La piste ovale en bois de 250 mètres de long et de 7 mètres de large a été créée pour les Jeux olympiques d'été d'Atlanta en 1996. Fin 2022, un complexe multisport a été construit autour de la piste. Celle-ci étant désormais couverte, les cyclistes peuvent s'y entraîner toute l'année, peu importe leur niveau.

Centre national de cyclisme de Bromont
400, rue Shefford, Bromont, QC J2L 3E7

dreamy

QUÉBEC

- Ville, petites routes de campagne, longes pistes cyclables
- Cruiser, route, gravel, VTT
- Casse-pattes
- Modérée
- 10 h. en été
5 h. en hiver
- 21 °C en été
-10 °C en hiver

LE CLIMAT

Au Canada en général, et plus particulièrement dans la province de Québec, le cyclisme est une activité saisonnière. L'hiver est très rude.
Les températures descendent en dessous de zéro, même la journée, et les chutes de neige sont importantes. Faire du vélo dans ces conditions est quasi impossible à cette période. Les plus motivés sortiront leur *fat bike*, vélo aux pneus surdimensionnés, permettant de rouler sur la neige. Mais le plus souvent, c'est en salle d'entraînement qu'ils enchaînent les kilomètres l'hiver. Ces salles sont très répandues ici.
La meilleure saison pour le vélo au Canada court de mai à octobre pour profiter des beaux jours de l'été indien et des érables qui rougissent.

LE TERRAIN DE JEU

Les provinces de l'ouest du Canada concentrent les meilleures ascensions de montagne. La plus impressionnante est celle du mont Revelstoke, qui se rapproche le plus d'une ascension alpine. Longue de 26 kilomètres, la montée comporte une quinzaine d'épingles avec une pente moyenne à 5,4 %.
À l'est du pays, les cyclotouristes apprécient le Chemin du Roy, qui suit le fleuve Saint-Laurent sur 280 kilomètres entre les villes de Québec et de Montréal. La Route verte est également très prisée des cyclistes. Qualifiée de « Plus Belle Vélo route au monde » par le magazine *National Geographic,* elle traverse une variété infinie de décors à travers le Québec et ses sept parcs nationaux, les provinces voisines, et s'étend même jusqu'aux États-Unis.

Les cyclistes de Montréal ont la chance de pouvoir s'entraîner sur le circuit Gilles-Villeneuve. Accueillant chaque année le Grand Prix de Formule 1 du Canada, il est ouvert aux cyclistes le reste du temps. Cette boucle de 4,3 kilomètres est appréciée pour son asphalte lisse, « un billard » dans le jargon.

LA CULTURE CYCLISTE

Les Canadiens adorent le vélo. Cela est particulièrement vrai au Québec où, pour l'anecdote, en 1876, le maire de Montréal proclama une demi-journée de vacances pour que tous les citoyens puissent aller voir le premier grand bi (bicyclette à grande roue) du pays.

Les Grands Prix cyclistes sont des épreuves inscrites au calendrier de l'UCI World Tour. Deux courses d'un jour qui font vibrer le pays bien au-delà des frontières de la province francophone. La ville de Québec accueille ainsi chaque année les plus grands coureurs de la planète pour le Grand Prix cycliste de Québec, une course de plus de 200 kilomètres à travers la ville avec une arrivée en côte dans le Vieux-Québec. Bruno de *Cartel* a d'ailleurs été meilleur grimpeur de cette course en 2012.
Deux jours plus tard a lieu le Grand Prix cycliste de Montréal sur le même principe. Tadej Pogačar a remporté l'édition 2022.

À ces courses de cyclisme professionnelles s'ajoutent de nombreux autres événements locaux, randonnées cyclistes ou courses sur piste, qui attirent également les foules.

La culture cycliste continue de se développer à travers tout le Canada. Les cyclistes sont de plus en plus nombreux à sillonner les rues des villes. Le vélo est devenu un mode de transport respecté et encouragé par les pouvoirs publics.

À VENDRE
30

ITINÉRAIRES

RAVITO BOULANGERIE

↔ 97,6 km ↗ 970 m

○ Itinéraire route

Au départ de *Vélo Cartel*, après un bon café, cet itinéraire vous emmène au nord de Québec en passant par Saint-Gabriel-de-Valcartier, une petite ville au pied de la chaîne de montagnes des Laurentides. Vous l'aurez compris, le parcours ne sera pas plat mais parsemé d'ascensions. La plus pimentée est celle de Saint-Adolphe, au kilomètre 60, avec ses rampes à plus de 10 %. Après la descente, vous aurez bien mérité un ravito chez *Pascal le Boulanger* à Stoneham.

FONDO DE LA CAMPAGNE

↔ 128 km ↗ 900 m

○ Itinéraire route

Partez pour un grand *fondo* à travers des villages pittoresques. Le début de l'itinéraire suit le fleuve Saint-Laurent jusqu'au petit village historique de Neuville. Ensuite, vous prendrez la route 365 vers le nord. Au kilomètres 79, après avoir grimpé la majorité du dénivelé, vous arriverez à la ville de Sainte-Catherine-de-la-Jacques-Cartier. Plus loin, après avoir passé Shannon, vous apprécierez une descente d'environ 10 kilomètres avant de revenir à Québec.

ATTENTION, ÇA GRIMPE !

↔ 175 km ↗ 1 320 m

○ Itinéraire route

Adepte des grands défis, ce parcours est fait pour vous ! Il vous emmènera découvrir les superbes paysages et routes de la rive sud de Québec. La cerise sur le gâteau est l'ascension du mont Radar, un challenge de taille pour les amateurs de grimpe. Prévoyez de quoi éviter la fringale, car les lieux de ravitaillement sont assez rares sur le parcours.

TREMPETTE À OKA

↔ 118 km ↗ 310 m

○ Itinéraire route

Après avoir pris un premier café au *Club*, élancez-vous vers le parc national d'Oka où vous pourrez vous baigner après avoir roulé les deux premiers tiers du parcours. Au préalable, n'hésitez pas à vous arrêter au Atwater Market pour admirer ce très bel édifice Art déco de 1933 et pour vous approvisionner en produits locaux pour votre pique-nique.

CIRCUIT GILLES-VILLENEUVE

↔ 56,5 km ↗ 130 m

○ Itinéraire route

Pour les amateurs de vitesse, rendez-vous sur le circuit Gilles-Villeneuve, situé dans le parc Jean-Drapeau sur l'île Notre-Dame. Ce circuit de Formule 1, long de 4 351 mètres, autorise les vélos à rouler sur une piste dédiée entre la fin du printemps et le début de l'automne.

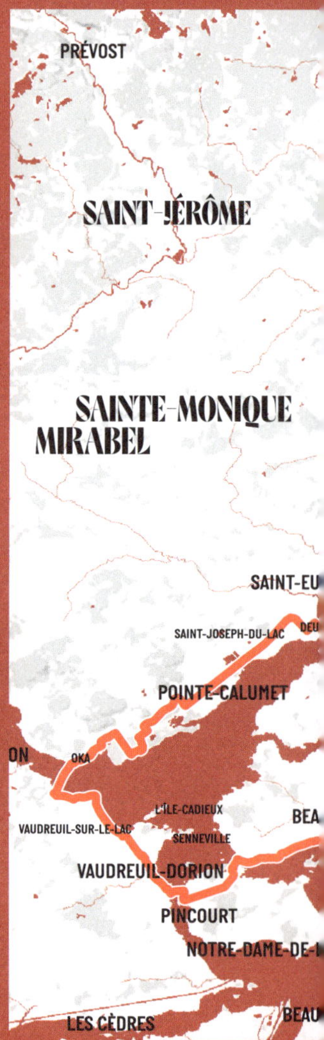

MASCOUCHE
TERREBONNE
LORRAINE
NTE-THÉRÈSE
OISBRIAND
LAVAL
CHE
NTAGNES
LE CLUB
MONTRÉAL
LLARD-DES-ORMEAUX
DORVAL
MONTRÉAL-OUEST
BROSSAR
ISFIELD
MESSOREM
DREAMY
LA PRAIRIE
SAINTE-CATHERINE
CANDIAC
SAINT-CONSTANT
CHÂTEAUGUAY
E-PERROT
RNOIS
MERCIER

STONEHAM
SAINTE-BRIGITTE-DE-LAVAL
LAC-DELAGE
LAC-BEAUPORT
LAC-SAINT-JOSEPH
SAINT-GABRIEL-DE-VALCARTIER
BOISCHATEL
SHANNON
FOSSAMBAULT-SUR-LE-LAC
LAC-SERGENT
WENDAKE
VÉLO CARTEL
SAINTE-CATHERINE-DE-LA-JACQUES-CARTIER
QUÉBEC
L'ANCIENNE-LORETTE
PONT-ROUGE
SAINT-AUGUSTIN-DE-DESMAURES
O'RAVITO CAFÉ
NEUVILLE
DONNACONA
SAINTE-CROIX
SAINT-APOLLINAIRE
SAINT-LAMBERT-DE-LAUZON
SAINT-AGAPIT
LAURIER-STATION
SAINT-GILLES
SAINT-NARCISSE-DE-BEAURIVAGE
SAINT-PATRICE-DE-BEAURIVAGE
SAINTE-AGATHE-DE-LOTBINIÈRE
SAINT-SYLVESTRE

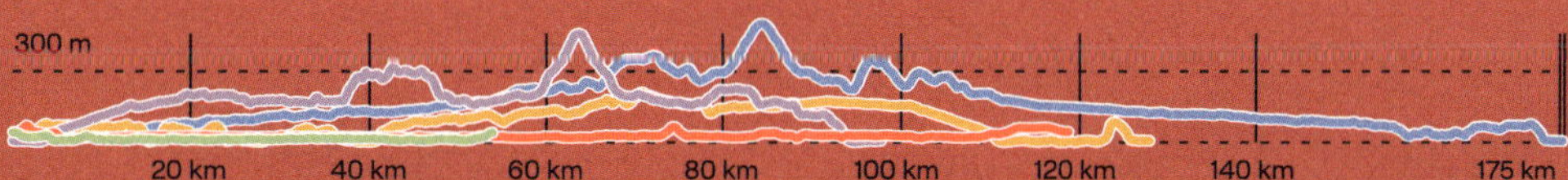

300 m
20 km
40 km
60 km
80 km
100 km
120 km
140 km
175 km

SÃO PAULO
KING OF THE FORK
Café
SUPER MARIO

KING OF THE FORK

SÃO PAULO–BRÉSIL

Quand on pense à São Paulo, on pense immédiatement à une mégapole immense et à son urbanisation intensive. São Paulo est la plus grande ville du Brésil et de toute l'Amérique du Sud. Plus de 12 millions de personnes s'y côtoient. Toutefois, la ville bouillonne culturellement et offre une vie urbaine passionnante, cosmopolite et dynamique. La pratique du vélo évolue au Brésil. Son futur est prometteur !

Café

HOF

SOCIAL RIDE

Rua Artur de Azevedo, 1317
Pinheiros, São Paulo
SP, 05404-013

Le projet *King of the Fork* est né lors d'un voyage à vélo à travers le Royaume-Uni et d'un passage chez *Look mum no hands!* Immédiatement fan de l'atmosphère du concept londonien, Paulo rapporta dans ses bagages l'idée de fonder un café vélo près de chez lui. *King of the Fork* a ouvert en 2014 à Pinheiros, un des quartiers les plus en vogue de São Paulo aujourd'hui, populaire auprès des jeunes et des artistes pour sa gastronomie et sa vie nocturne.

King of the Fork est un café inspiré de la culture cycliste qui propose à ses clients du café de spécialité et un service de restauration continu, « *Breakfast all day* ». Un vélo d'Eddy Merckx décore le mur de l'entrée. Des gapettes et des maillots sont accrochés. On vient ici après sa sortie ou pour croiser d'autres cyclistes et bavarder… vélo ! Chez *King of the Fork*, le Lycra et la musique des cales sur le sol sont familiers.

L'espace est vibrant et chaleureux. À l'intérieur, une certaine proximité entre les tables incite à l'échange avec son voisin ou sa voisine. Dans le jardin à l'arrière, on apprécie l'ombre des arbres après sa sortie.

Les cafés s'enchaînent à la machine à café, sous toutes leurs formes : expresso, *iced latte* et même en *afogato*. Pour l'extraire, ils ont fait le choix d'une La Mazrocco Linea qui ne passe pas inaperçue avec sa couleur rose pâle en hommage au Giro d'Italie. La carte propose également du *cold brew* très rafraîchissant et des méthodes douces comme l'Aeropress ou le V60. *KOF* propose son propre café de spécialité torréfié sur place. Les grains, toujours d'origine brésilienne, proviennent des meilleurs producteurs du pays.

Pour la restauration, l'équipe en cuisine prépare à la demande des sandwichs généreux ou des gaufres au chocolat. À la carte, on retrouve des quiches, des paninis et un croissant jambon-fromage, qui est toujours une bonne idée, sans oublier un large choix de pâtisseries faites maison.

DROP SP

King of the Fork est également présent avec un menu réduit chez *Drop Sp*, un espace consacré au vélo dans le même quartier. Il rassemble tout ce qui tourne autour de la pratique. Café, atelier, boutique d'équipement, studio d'étude posturale et siège du club Fuga Clube de Ciclismo. Ça vaut le détour.

Rua Cunha Gago, 635
Pinheiros, São Paulo
SP, 05404-013

SÃO PAULO

LE TERRAIN DE JEU

São Paulo est une zone urbaine très dense où le vélo n'a *a priori* pas sa place et n'est pas vraiment dans les habitudes de ses habitants. Les transports publics sont bien développés. La circulation peut être chaotique et intense, voire dangereuse, pour les cyclistes. Toutefois, les mentalités sur la pratique du vélo évoluent. Des pistes cyclables lui sont exclusivement réservées le dimanche et les jours fériés, de 7 heures à 16 heures. Les cyclistes peuvent alors rouler à l'écart de la circulation entre plusieurs quartiers et parcs, car, malgré son urbanisation, la ville possède en effet un grand nombre d'espaces verts. Celui d'Ibirapuera, le plus grand, est un véritable poumon vert de la ville depuis son inauguration en 1954. Des aménagements y ont été mis en place afin de rendre possible la cohabitation des différentes pratiques sportives. Le vélo a ses propres pistes cyclables dédiées.

Au nord de la ville, le parc de la Cantareira est prisé des VTTistes. Ils se retrouvent nombreux sur les sentiers de cette forêt tropicale préservée. Il y en a pour tous les niveaux, du débutant au cycliste plus confirmé. De là-haut, on a une vue imprenable sur São Paulo.

Le Pico do Jaraguá est la montagne la plus élevée. Forcément, elle plaît aux grimpeurs ! Elle est l'ascension locale préférée des cyclistes qui adorent venir s'y confronter. Le sommet est accessible par une route sinueuse et escarpée qui se termine le plus souvent en danseuse. Les 4,4 kilomètres à 6,9 % de moyenne les emmènent à plus de 1 000 mètres d'altitude.

LA CULTURE VÉLO

Le cyclisme professionnel n'est pas aussi développé au Brésil qu'en Europe, il est toutefois très populaire. Il est pratiqué principalement en tant que sport, mais la culture cycliste est en pleine expansion dans le pays.
Chaque année, l'organisateur du Tour de France, ASO (Amaury Sport Organisation), programme une cyclosportive, l'étape Brasil. L'organisation BikingMan propose depuis quelques années une épreuve gravel d'endurance de 1 000 kilomètres – l'une des plus sauvages au monde – qui traverse des montagnes anciennes d'Amérique du Sud autour du massif de Mantiqueira.

LE CLIMAT

Principalement tropical, chaud et humide, le climat du pays peut être un défi pour les sportifs. Il varie cependant d'un endroit à l'autre de cet immense territoire.
São Paulo, au sud du pays, a un climat plus tempéré avec des étés chauds et des hivers doux. On peut faire du vélo toute l'année sans trop se couvrir. Il existe néanmoins une saison des pluies qui s'étend de novembre à mars. Il ne faudra pas oublier sa veste de pluie. Les Brésiliens privilégient généralement le matin pour aller rouler, surtout les mois d'été, pour éviter la chaleur mais également le trafic.

Routes de montagne, ville, sentiers, pistes

Route, gravel

Montagnes russes

Modérée

6 h. en été
8 h. en hiver

16 °C en été
22 °C en hiver

FUGA CLUBE DE CICLISMO

Le club a pour mission de promouvoir et de diffuser la culture du cyclisme sur route, mais également en gravel, au Brésil. Depuis 2016, il mise sur l'aspect communautaire du sport. Ses membres partagent une passion commune, des kilomètres sur la selle et à la fin, pourquoi pas, une bière.

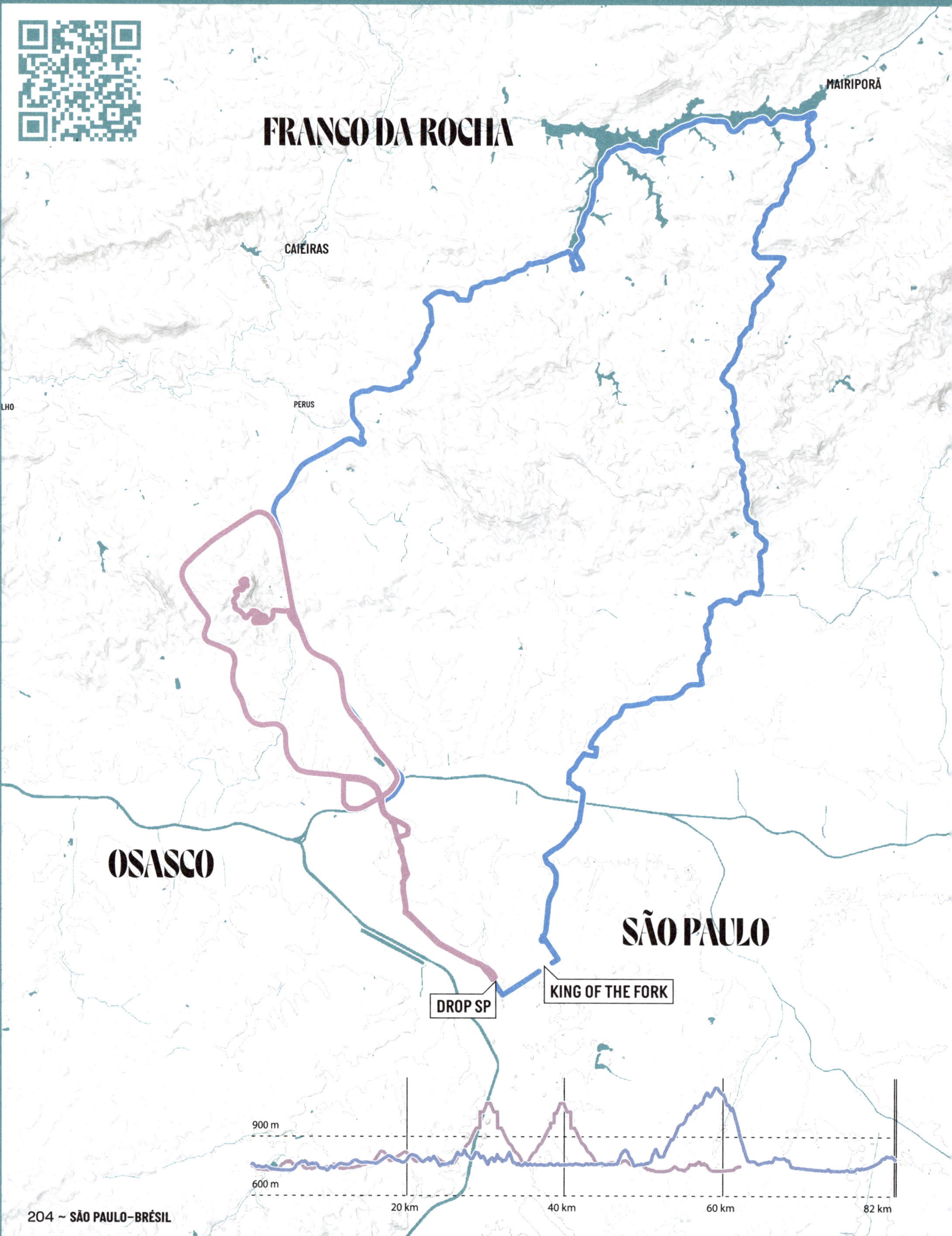
FRANCO DA ROCHA
MAIRIPORÃ
CAIEIRAS
LHO
PERUS
OSASCO
SÃO PAULO
DROP SP
KING OF THE FORK
900 m
600 m
20 km
40 km
60 km
82 km

GUARULHOS

ITINÉRAIRES

LE PICO DO JARAGUÁ

↔ 62,5 km ↗ 1140 m

○ Itinéraire route

L'ascension du Pico do Jaraguá est incontournable si vous êtes de passage à São Paulo.

Pourquoi ne pas la faire deux fois de suite avant de retourner à *King of the Fork* pour un bon café ? Au sommet, la vue sur la ville est à couper le souffle.

VOLTA DA ROSEIRA

↔ 82,1 km ↗ 1340 m

○ Itinéraire route

Cet itinéraire offre un peu de tout. Des autoroutes (il est fréquent de rouler dessus au Brésil), une balade le long de la retenue d'eau du barrage Paulo de Paiva Castro, une montée assez difficile au kilomètre 50 avec des parties raides à l'ombre d'arbres, puis une descente assez difficile et le retour en passant par l'intérieur de la ville. Parfait pour un dimanche à vélo.